Rettungsgasse ist kein Straßenname

Jörg Nießen

Rettungsgasse ist kein Straßenname

Die Abenteuer eines Notfallsanitäters und Feuerwehrmanns

Inhalt

Vorwort 7

Aller guten Dinge sind drei 9
Nicht jedes Kompliment ist angebracht

Rettungsgasse ist kein Straßenname 21
Der Weg ist manchmal doch nicht das Ziel

Ein Mann mit Eiern 33
Was war eigentlich zuerst da? Der Ärger oder das Ei?

Alter schützt vor Torheit nicht 45
Frau Braun will's nicht gewesen sein

Die Natur hat ihre Tücken 57
Eine unerwartete Begegnung endet schmerzhaft

Nichts sehen – nichts hören – nichts sagen 73
Wenn das System versagt

Mit 66 Jahren ... 83
... da fängt das Leben an

Tierisches 93
»... ich habe ihm nur die Augen zugehalten.«

Wer heilt, hat recht   **105**
Alternative Heilmethoden vs. Schulmedizin

Die lästige Verwandtschaft   **117**
Wahre Liebe gibt es nur unter Brüdern

Unfälle passieren nicht   **127**
– sie werden verursacht

Man(n) braucht auch mal Urlaub   **135**
Hein und ich auf großer Fahrt

Eine Feuerwache ist kein Kindergarten   **153**
– manchmal eben doch

Die Tücken der Technik   **165**
Warum man an modernen Errungenschaften zweifeln darf

Advent   **175**
Saisongeschäft für Feuerwehr und Rettungsdienst

Herr Reinsch, ein OP-Hemd und ein Koffer   **201**
Befriedigung und Enttäuschung liegen oft nah beieinander

Privatsphäre   **211**
Ist Zimmer 7 noch frei?

Danksagung   **221**

Vorwort

»Am Ende wird alles gut. Und wenn es noch nicht gut ist, dann ist es auch noch nicht zu Ende.«

Dieser wunderbare Satz wird wahlweise als indisches Sprichwort, als Zitat von Oscar Wilde, John Lennon oder auch Fernando Sabino gehandelt. Für mich spielt es nur eine untergeordnete Rolle, wer in diesem Fall tatsächlich der Urheber ist. Ich favorisiere die Inder, viel interessanter finde ich jedoch die eigentliche Bedeutung, denn sowohl viele Rettungsdienst- und Feuerwehreinsätze als auch meine schriftstellerische Arbeit spiegeln den Sinn dieses Satzes hervorragend wider.

Wann ist ein Einsatz »gut«? Auf diese Frage werden Notrufer, Leitstellenmitarbeiter, Einsatzkräfte, Patienten und Angehörige wahrscheinlich sehr unterschiedliche Antworten geben. Natürlich habe auch ich mir diese Frage gestellt, und meine Antwort lautet: Solange ich den menschlichen und fachlichen Herausforderungen im Einsatz gerecht werden konnte und nach Schichtende gesund an Körper und Geist nach Hause fahre – so lange ist alles gut!

Was meine Bücher angeht, da darf der Leser entscheiden, ob sie gut sind. Tatsache ist: Ich bin noch nicht am Ende. Erstens habe ich noch ein paar literarisch verwegene Ideen, und zweitens gibt es immer eine Menge Potenzial, eine Sache noch besser zu machen.

Auch nach mehreren Bestsellern und anderen Veröffentlichungen ist es mir erneut nicht gelungen, ein Fachbuch zu schreiben. Unterhaltung und ein schelmischer Blick auf das Blaulichtmilieu stehen wieder im Vordergrund. Darüber hinaus begleitet ein leicht erhobener Zeigefinger das Thema Rettungsgasse. Udo Jürgens ist zwar tot, spielt aber trotzdem eine Rolle. Kollege Hein macht Erfahrungen mit der Brandschutzerziehung, ein Fasan verschuldet beinahe einen Herzinfarkt, und im Advent treten, wie soll es anders sein, die typischen Notfälle auf. Ganz zu schweigen von Herrn Reinsch, der uns auf besondere Weise belastet. Wer so viel arbeitet, der darf auch mal Urlaub machen, und so sind Sie als Leser herzlich eingeladen, Hein und mich auf einen Segeltörn in die Türkei zu begleiten – Meuterei nicht ausgeschlossen.

Die Geschichten in diesem Buch beruhen auf tatsächlichen Begebenheiten, sie haben einen wahren Kern, sollten aber nicht mit dem Gros der Routineeinsätze verwechselt werden. Selbstverständlich wurden auch in diesem Buch Namen, Personen, Orte und Handlungsabläufe verändert, verflochten, übertrieben oder verfremdet. Übereinstimmungen mit lebenden oder toten Personen sind rein zufällig.

Sollten Sie in der Rettungsgasse oder im Einsatz auf Kollegen von mir treffen – bestellen Sie bitte beste Grüße. Bis bald mal in diesem wundervollen Leben ...

Ihr Jörg Nießen

PS: Bilden Sie im Stau von Anfang an eine Rettungsgasse und nicht erst, wenn Sie dazu aufgefordert werden. Dann haben Sie im Rahmen einer Vollsperrung Zeit und vielleicht sogar Muße, in diesem Buch zu schmökern.

Aller guten Dinge sind drei

Nicht jedes Kompliment ist angebracht

Treppenhäuser sind für den Rettungsdienst eine hochinteressante Sache. Natürlich gibt es eine Idealvorstellung, wie dieser Bauteil eines Hauses gestaltet sein sollte: breit, sauber, hell – das wären die ersten Adjektive, die mir einfallen würden. Leider sieht die Realität oft anders aus. In vielen Treppenhäusern herrschen Zustände, die an einen Parcours moderner Hindernisläufe erinnern. Nachdem man im Eingangsbereich über sieben bis acht Fahrräder beziehungsweise Kinderwagen geklettert ist, beginnt ein kraftraubender Aufstieg durch einen engen dunklen Schlund. Vorbei an fragwürdigen Graffitis, immer darauf bedacht, nicht in benutzte Windeln zu treten, gilt es, aus hygienischen Gründen möglichst wenig mit dem Geländer oder den Wänden in Kontakt zu kommen. Falls Sie meine ganz persönliche Meinung zu diesem Thema interessiert: Treppenhäuser als Fluchtweg sind ganz okay, ansonsten bevorzuge ich großzügige vertikale Transportanlagen für Personen oder Güter aller Art, im Volksmund auch gern als Aufzug oder Lift bezeichnet.

Es ist zwar unnötig zu erwähnen, dass das Gebäude mit der Hausnummer 45 in der Mainhofstraße nicht über ein solches Transportmittel verfügte, aber der Vollständigkeit halber sei es hiermit getan. Die Sonne ging gerade auf und mein Lieblingskollege Hein und ich waren auf dem Weg ins vierte Obergeschoss, als uns auf halbem Weg ein Hindernis der besonderen Art begegnete. Begleitet von unverständlichem Brüllen und dem Geräusch einer zuschlagenden Tür polterte uns ein junger Mann entgegen, der es offensichtlich äußerst eilig hatte, das Haus zu verlassen. Kontrolliertes Fallen – damit wäre sein Bewegungsablauf wohl passend beschrieben. Hein konnte gerade noch ausweichen, der Zusammenstoß mit mir war allerdings nicht mehr zu vermeiden. Ungefähr achtzig Kilogramm Mensch trafen mich unvorbereitet an der linken Schulter und brachten mich aus dem Gleichgewicht. Um nicht selbst zum Patienten zu werden, überließ ich die medizinische Ausrüstung der Schwerkraft und fand letzten Halt am gedrechselten Holzgeländer. Der Fliehende eilte wortlos weiter.

»Ein einfaches ›Entschuldigung‹ hätte gereicht ...«, rief ich wütend hinter ihm her, bevor unten die Haustür ins Schloss fiel.

Auf der Treppe hatte sich der Defibrillator in verschiedene Einzelteile zerlegt, und auch die mitgeführte Absaugpumpe hatte ordentlich was abbekommen.

»Ich, ich, ich hab, ich hab mir den Kerl genau gemerkt«, rief Hein erschrocken. »Anfang dreißig, einsachtzig groß, blonde Haare, blaues T-Shirt mit orangefarbener Aufschrift.«

Genervt unterbrach ich ihn: »Hervorragende Arbeit, Watson! Und wer sucht nach dem Typ? Richtig! Niemand. Der will wahrscheinlich nur den nächsten Bus erwischen. Ist ja auch scheißegal! Lass uns das Zeug hier einsammeln, und dann ab in den vierten Stock. Da wartet ein Patient auf uns.«

Wenig später erreichten wir eine Wohnungstür, deren Namensschild mit dem Alarmschreiben übereinstimmte. Erwartungsvoll klingelte Hein bei Herrn oder Frau Dürstel. Ein sonores Brummen schallte durch den Flur, und eine Millisekunde später wurde die Tür nicht nur geöffnet, sondern förmlich aufgerissen. »Gottlob! Da sind Sie ja! Ich habe Sie gerufen. In der Nachbarwohnung gab es Tumult vom Allerfeinsten, nicht zum ersten Mal – ich weiß! Aber diesmal waren auch weibliche Hilfeschreie zu hören. Ich bin sicher, Sie werden gebraucht!«, ereiferte sich ein schmächtiges Männlein mit hektischer Stimme.

»Jetzt mal ganz in Ruhe. Das heißt, bei Ihnen ist gar nichts passiert, sondern Sie machen sich Sorgen über Vorkommnisse in Ihrer Nachbarwohnung – richtig?«, fragte ich.

»Ja genau!« Der Notrufer nickte. »Da ging es wieder mal hoch her. Geschrei und Geräusche, als würde das ganze Haus abgerissen … nicht zu vergessen die Hilferufe.«

»Mag ja sein, dass wir hier gebraucht werden. Aber haben Sie außer uns auch die Polizei angerufen?«, warf Hein ein. »Ihre Schilderung lässt den Eindruck entstehen, dass unser aller Freund und Helfer hier ebenfalls gebraucht werden könnte.«

Herr Dürstel antwortete nicht sofort. Zunächst strich er sich mit der linken Hand mehrfach durch einen kaum vorhandenen Schnäuzer und überprüfte zeitgleich mit der Rechten, ob der Reißverschluss seiner Hose auch wirklich geschlossen war.

»Der Gründer vom Roten Kreuz, dieser Henry Dunant, der hat auf dem Schlachtfeld doch auch nicht die Polizei gerufen, sondern das Verbandszeug ausgepackt!«, konterte er schließlich und blieb erwartungsvoll im Türrahmen stehen. Dem war nichts hinzuzufügen. Der Gute machte zwar einen merkwürdigen Eindruck, aber was blieb uns übrig?

Hein und ich machten eine Kehrtwende um hundertachtzig Grad und standen vor einer Tür ohne Namensschild. Hein klingelte, es vergingen circa zehn Sekunden, und Hein klingelte erneut. Diesmal mit Erfolg. In diesem Haus schien es üblich, die Wohnungstüren aufzureißen. Allerdings stand nun kein schmächtiges Männlein, sondern ein geschlechtsreifes, ausgewachsenes Mannsbild im Türrahmen.

»Was kann ich denn gegen euch tun? Hat der Idiot von nebenan wieder um Hilfe gerufen? Verpisst euch! Ihr habt mit Sicherheit Besseres zu tun«, begrüßte uns ein Hüne mit geschätzten hundert Kilo Lebendgewicht, der trotz der frühen Stunde einen betörenden Duft nach Mariacron verströmte.

»Es hieß, eine Frau habe um Hilfe gerufen«, entgegnete Hein, um eine selbstbewusste Ausstrahlung bemüht.

»Das ist jetzt nicht so ungewöhnlich!«, meinte der leicht ungepflegt wirkende Mittvierziger. »Die ruft ständig um Hilfe. ›Schatz, kannst du mal den Kasten Sprudelwasser aus dem Keller holen? Schatz, kannst du heute mal die Wohnung saugen?‹ Und so weiter. Für gewöhnlich ruft meine Alte aber nicht so laut, dass die dämliche Nachbarsfigur davon was mitkriegt. Vielleicht zwischendurch mal nachts, aber das hat dann andere Gründe – haha, knick-knack!« Der Hüne zwinkerte vielsagend mit dem linken Auge.

»Herr Schmitz! Sie sind so was von ekelhaft – gewalttätig, frauenverachtend und oft schon morgens betrunken ...«, echauffierte sich Herr Dürstel aus dem Hintergrund.

»Boah, mach den Kopf zu, du Plagegeist!«, unterbrach Herr Schmitz. »Bei dir hat die Schaukel früher auch zu nah an der Hauswand gestanden. Mein Gott, du gibst jetzt Ruhe, sonst bist du heute schon der Zweite, dem ich 'ne Fünf auf die Backe male.« Obwohl die Stimme des Hünen durchaus ernst zu nehmend klang, traute sich Hein scharfsinnig nachzufragen: »Wer war denn der Erste? Etwa Ihre Frau?«

»Bis gerade konnte ich euch ja ganz gut leiden, aber von mir aus ...« Herr Schmitz warf Hein einen langen Blick zu, bevor er fortfuhr: »Mein angeblich bester Kumpel hat sich eben an meine Herzdame rangemacht. Da musste der König dem Buben mal zeigen, wer hier die Asse im Ärmel hat. Und was macht der Typ? Sagt glatt zu meiner Frau, so was wie mich hätte sie gar nicht verdient – da fragt man sich doch, wer hier beleidigt wird?! Ich mag es gar nicht, wenn ich nachdenken muss. Also hab ich mal kurz kurzen Prozess gemacht.«

»Und Ihrer Frau geht's wirklich gut?« Die Seelenruhe, mit der der selbst ernannte König den Grund für den Tumult erklärte, machte mich nervös.

»Ahhh ...« Ein genervtes Stöhnen verließ Herrn Schmitz, und ich rechnete damit, mindestens verbal verprügelt zu werden. Stattdessen zitierte der Hüne seine Angebetete herbei. »Peggy! Schwing deinen hübschen Hintern sofort nach hier! Hier sind ein paar Clowns vom Lotto, die wollen sich vom ordnungsgemäßen Zustand des Ziehungsgerätes überzeugen.«

Es vergingen einige Augenblicke, bis sich herausstellte, dass Herr Schmitz bezüglich des Hinterteils von Frau Schmitz keinesfalls übertrieben hatte und dass auch sonst anatomisch alles in bester Ordnung war.

Herr Dürstel bekam beim Anblick der Dame einen extrem verklärten bis glasigen Blick, und ich musste mich zurückhalten, um ihm keine Packung Papiertaschentücher anzubieten.

»Äh, hier sieht ja alles ganz hervorragend aus«, bemerkte Hein, ebenfalls von Frau Schmitz' optischem Eindruck geblendet, bevor Herr Schmitz ihn warnend unterbrach.

»Ganz vorsichtig jetzt, Herr Rettungssanitäter! Ganz dünnes Eis!«

»Ich meine die Gesamtsituation.« Hein lächelte versöhnlich. »Wir wollen hier noch mal Gnade vor Recht ergehen lassen. Im Prinzip ist ja auch gar nichts passiert. Betrachten wir das Ganze einfach mal als vorausschauende Alarmierung. Herr Dürstel, Sie beruhigen sich, und wenn es schlimmer wird, rufen Sie einfach noch mal an.« Mit diesen Worten entließ Hein uns unprätentiös aus der Einsatzstelle.

Während der Rückfahrt schwärmte er zwar noch farbenfroh von Frau Schmitz und erwähnte sogar mehrfach, dass er sie, falls nötig, sehr gern medizinisch versorgt hätte, aber schon zehn Minuten später in der Küche der Wache war die Hochglanzblondine vergessen.

Stattdessen erzählte ich Hein von meiner bevorstehenden Pilgerreise durch Spanien. »Das Motto lautet: Gehe in dich, auch auf die Gefahr hin, dass du dort niemanden antreffen wirst«, was Hein mit einem trockenen »Religion ist was für Leute, die keinen Alkohol vertragen« kommentierte. Gerade wollte ich ihm erklären, dass das Pilgern heutzutage nur eingeschränkt mit Religion zu tun hat, als Bernie, einer unserer Kollegen, unsere Aufmerksamkeit erregte.

Der Gute stand vor einer Batterie aus Pumpkannen, vier an der Zahl, die für gewöhnlich frischen Kaffee beinhalteten. Bernie hatte die Dinger zerlegt und mit der Reinigung der Einzelteile begonnen. Als er mit einer frischen Klobürste das Innere der Kannen schrubbte, unterbrach Hein ihn perplex:»Was machst du da?«»Das siehst du doch, ich mach diese Scheiße hier sauber! Hier kommt ja kein Kaffee mehr raus, ohne dass man die halbe Tasse voller Brocken hat. Einfach widerlich! Aber außer mir interessiert das ja keinen!«, antwortete Bernie ungehalten.»Das sind keine Brocken, du Ignorant – das ist bestes Fruchtfleisch!«, meinte Hein mit gespielter Fassungslosigkeit.

Damit hatte er den Bogen überspannt. Bernie, in Fachkreisen auch gern als»Küchenhitler« bezeichnet, eskalierte vollkommen. Als Autor möchte ich mir an dieser Stelle eine Aneinanderreihung von Beleidigungen und Schimpfwörtern ersparen. Denken Sie sich bitte einfach eine Sprechblase aus einem Comicstrip, gefüllt mit Totenköpfen, Messern, Pistolen, Bomben und Explosionen.

Bevor es handgreiflich werden konnte, hatte der Bürger ein gnädiges Einsehen und alarmierte uns zu einem chirurgischen Notfall in den Drosselweg.»Ich hab kein gutes Gefühl!«, meinte Hein, als wir in den Rettungswagen stiegen.»Warum das? Bernie beruhigt sich schon wieder«, entgegnete ich verdutzt.»Das meine ich nicht. Der Drosselweg geht direkt von der Mainhofstraße ab, da waren wir vor ungefähr einer halben Stunde – du erinnerst dich an Herrn und Frau Schmitz? Das ist doch kein Zufall!«

Hein sollte recht behalten. Der Hinweis der Leitstelle, das Eintreffen der Polizei abzuwarten, ertönte aus dem Funklautsprecher, als wir in besagten Kreuzungsbereich einbogen.

Die Reize, die mein Gehirn ab nun verarbeiten musste, glichen willkürlich zusammengestellten Einzelszenen aus irgendwelchen Hau-drauf-Filmen, die ich irgendwo irgendwann mal angeschaut hatte. Schlechte Kung-Fu-Szenen aus Fernost, Filme mit Bud Spencer und Terence Hill, Prügeleien aus *Das A-Team* und nicht zuletzt die *Rocky*-Filme dürften als geistige Vorlage dienen.

Der Blonde im blauen T-Shirt, mit dem wir auf der Treppe Bekanntschaft geschlossen hatten, und Herr Schmitz standen sich mit geballten Fäusten gegenüber. Von einem staatlichen Schiedsrichter in Uniform war noch nichts zu sehen, und so ließen Hein und ich den Kampf zunächst auf uns wirken.

Allerdings muss man sagen, dass von einem wirklichen Kampf noch keine Rede sein konnte; beide Kontrahenten schienen in der Zwischenzeit mächtig an ihrem Promillegehalt gearbeitet zu haben, und so handelte es sich eher um einen aggressiven Ausdruckstanz. Jedenfalls wechselten sich um sich selbst kreisende, unkontrollierte Angriffsbewegungen mit spektakulären Manövern zum Gleichgewichtserhalt ab. Wenn man die Situation vorteilhaft beschreiben mochte, konnte man von zwei extrem schlecht trainierten Boxern sprechen, die verzweifelt versuchten, sich besoffen aufs Maul zu hauen.

Und immer dann, wenn man meint, das Leben hätte keine Aufwertung der Situation, keine Steigerung parat, dann ergießt sich das Füllhorn der Unmöglichkeiten mit brachialer Gewalt.

Ein übergewichtiger Motorradpolizist erreichte die Szenerie, bei dessen Anblick ich berechtigt bezweifelte, dass er leichter als seine eigene Maschine war. Nichtsdestotrotz wusste er das Gerät gekonnt einzusetzen. Die Kämpfenden sprangen mit knapper Not auseinander, bevor mindestens einer von beiden vom Kraftrad samt Polizisten überfahren worden wäre. Ob Absicht oder nicht – im Nachhinein kann es nicht verifiziert werden. In jedem Fall hatte der Beamte die Situation zunächst geklärt. Das Absteigen vom Motorrad glich zwar einer ausgesprochen schwierigen akrobatischen Zirkusnummer, aber weder seine Ankunft noch der vorherige Kampf hatten Verletzte gefordert. Mit anderen Worten: Es handelte sich um eine reine Polizeilage, bei der es Platzverweise und Belehrungen hagelte.

»Willst du noch mal mit Herrn Schmitz reden?«, fragte mich Hein, während wir das Schauspiel beobachteten.

»Nicht zwingend. Worüber sollten wir auch sprechen? Es ist ja nichts passiert«, antwortete ich mit einer Mischung aus Selbstschutz und gespielter Naivität.

»Jo!«, resümierte Hein und startete den Rettungswagen. Erneut konnten wir wieder einrücken, ohne von unseren Qualitäten wirklich Gebrauch gemacht zu haben.

Indes hofften Hein und ich, dass Bernie die Küche inzwischen verlassen hatte und eine konfliktfreie Tasse Kaffee möglich war. Die Luft auf der Wache schien tatsächlich rein zu sein – alle beide bemerkten wir die bohrenden Blicke, die hätten töten können, viel zu spät. Ein flüchtig geworfenes Auge in die Küche war als Erkundung einfach nicht ausreichend gewesen. Wir hätten es besser wissen müssen.

Bernie stand unbemerkt in einem angrenzenden Vorratsraum und beobachtete uns aufmerksam. Verdeckt durch eine offene Schranktür wurde er Zeuge, wie ich einen Topfdeckel nach dem anderen anhob. Jeder mit einem koffeinhaltigen

Heißgetränk in der Hand, steckten Hein und ich unsere Nasen analytisch in die Töpfe auf dem Herd.

»Riecht eigentlich ganz gut. Kochen kann der Wahnsinnige ja, das muss man ihm lassen«, lobte ich anerkennend, als Bernie wie ein wütender Dämon über uns herfiel. Ein wie ein Diskus geworfener Topfdeckel, der Heins Kopf nur knapp verfehlte, um dann scheppernd an einem Küchenschrank abzuprallen, läutete das Inferno ein.

»Ihr kleine Bande von undankbaren Nichtsnutzen! Was glaubt ihr eigentlich, warum Deckel auf den Töpfen liegen? Hä? Keine Antwort? Dachte ich mir, ihr dämlichen, hungrigen Schmarotzer! Raus aus meiner Küche! Jawohl, meine Küche! Was habt ihr beiden hier verloren? Das ist heute mein Reich! Ihr seid so nützlich wie ein Sonnendeck auf 'nem U-Boot. Wenn einer von euch noch einen Topf anpackt, dann schmeiße ich den ganzen Rotz auf den Hof, dann hab ich hier zum allerletzten Mal gekocht! Zu blöd und dämlich für ein simples Spiegelei, aber mir in die Töpfe gucken! Ich glaub, mir platzt der Arsch!« Mit diesen Worten trat Bernie mir in den selbigen, bevor er dem flüchtenden Hein eine altmodische Käsereibe hinterherwarf.

Erneut rettete uns nur knapp der Bürger. Ein Alarm ertönte, und wir flohen weiter Richtung Rettungswagen. Beide hatten wir uns nicht getraut zurückzublicken, womöglich war Bernie mit der Küchenmessersammlung hinter uns her. Andererseits hätten wir davor keine allzu große Angst haben müssen, denn die Dinger sind auf allen Rettungswachen dieser Welt vom Spülmaschinengebrauch so stumpf, dass die Bezeichnung »sehr flacher Löffel« passender wäre.

»›Mein Reich‹! Der Kerl hat sie doch nicht alle!«, rief Hein, während er in den Rettungswagen sprang. »›Küchenhitler‹ ist schon der passende Spitzname!«

»Diesmal haben wir Glück gehabt, aber pass bloß auf und sei froh. Leo hat schon mal den großen Holzlöffel abbekommen, da waren zwei Finger gebrochen«, erklärte ich warnend, als der Rettungswagen sich endlich in Bewegung setzte.

»Wo geht's eigentlich hin?«, erkundigte sich Hein, noch außer Atem von der Flucht. »Schon wieder in die Mainhofstraße«, antwortete ich sorgenvoll, und Hein ergänzte ebenfalls Böses ahnend: »Ohh, ohh.«

Und so kam es auch. Unsere wiederkehrenden Protagonisten, Herr Schmitz und der Unbekannte aus dem Treppenhaus, hatten Ernst gemacht. Bei unserer Ankunft stand Herr Schmitz bereits breitbeinig, aber leicht schwankend an einer Hauswand und wurde von einem Polizisten durchsucht. Sein Opfer war diesmal nicht mit einer Ohrfeige davongekommen. Eine geplatzte Unterlippe und eine beeindruckend geschwollene Nase waren offensichtliche Zeichen seiner körperlichen Unterlegenheit.

»Ich wollte doch nur nett sein!«, brachte der Geschlagene lallend und lispelnd hervor, bevor er unterbrochen wurde.

»Wer sich verteidigt, klagt sich an!«, zeterte Herr Schmitz ebenfalls im Alkoholdialekt. »Von wegen nur nett sein. Nett! Nett ist die kleine Schwester von Scheiße. An den Arsch von meiner Alten wolltest du ran. Sei froh, dass ich voll bin wie ein Eimer. Alkohol offenbart immer mein gutmütiges Wesen, nüchtern hätte ich dir ins Gesicht geschlagen ... du ... du ...«

»Ahh, ich verstehe, der wollte seinem Kumpel nur mal pädagogisch wertvoll in den Bauch boxen, hat ihn besoffen verfehlt

19

und dabei unabsichtlich zweimal mitten ins Gesicht getroffen.
Ja, so was kann passieren ...«, klärte Hein den wahrscheinlichen
Tathergang auf.

»Hein – wenn ich dich nicht hätte ...«

»Dann hättest du einen anderen.«

Der Rest ist schnell beschrieben: Wir kümmerten uns um
den Verletzten und brachten ihn in ein geeignetes Krankenhaus.
Die Polizei kümmerte sich um Herrn Schmitz und brachte ihn in
eine Ausnüchterungszelle.

Vielleicht noch ein kleiner Blick in die Statistik: Früher oder
später fahren wir jeden Mitbürger mal ins Krankenhaus. Also
kann jeder einmal Grund für einen Notruf sein. Aber dreimal
innerhalb weniger Stunden? Fetten Respekt!

Rettungsgasse ist kein Straßenname

Der Weg ist manchmal doch nicht das Ziel

Hein war gut drauf, sehr gut sogar. Untrügliches Zeichen seiner guten Laune war ein etwa halbstündiger, semiwissenschaftlicher Vortrag über die Zusammenhänge der menschlichen Evolution und dem teilweise prachtvollen Haarwuchs auf Männerrücken mittleren Alters. Mit präziser Leichtigkeit zerfetzte mein Kollege überholte Ansichten über männliche Entwicklungsprozesse und pulverisierte veraltete Lehrmeinungen.

»Also, es ist so: Fell und Wärmeerhalt mögen ja vor Jahrmillionen mal eine Rolle gespielt haben. Heutzutage allerdings ist der einzige Grund, warum wir noch Haare auf dem Rücken und am Arsch haben, das koffeinhaltige Haarwaschmittel von Dr. A. Klenk.«

»Ach, ist das so?«

»Doch, in der Tat! Du weißt schon. Wir spülen uns das Zeug nur viel zu schnell vom Kopf. Und wo läuft es dann lang? Richtig, langsam über den Rücken, in die Kimme hinein, und da tropft es dann ab. Man macht sich keine Gedanken drüber, aber unter der Dusche stehen wir dann ja auch in der Suppe. Mit vierzig sehen die Füße aus wie die von einem Hobbit, bloß keiner weiß, warum.«

Meinen eigenen Haarwuchs im Geiste rasierend, lachte ich Tränen. Angst, das Lenkrad des Rettungswagens zu verreißen, hatte ich keine, denn seit fünfzehn Minuten ging es maximal im Schritttempo voran. Hein und ich standen auf der Autobahn am Stadtrand im Stau. Glücklicherweise gab es keinen Grund zur Eile. Der Feierabend lag noch Stunden entfernt, die Leitstelle wusste, wo wir steckten, und von Hunger oder Durst konnte auch keine Rede sein.

Hein hatte das Thema Körperbehaarung inzwischen beendet und widmete sich stattdessen dem Zusammenhang einer seiner Meinung nach extrem aufwendigen Weiterbildung, zu der man uns verdonnert hatte, und den damit verbundenen Erfolgsaussichten bei Online-Dating-Portalen. Er war wirklich in Hochform, und ich fühlte mich prächtig unterhalten.

»Es ist wie überall. Die wirklich wichtigen Informationen behält der Arbeitgeber für sich. Da geht's immer um Kompetenz, Geld und Verantwortung. Aber warum ich als Endvierziger noch eine Weiterbildung zum Notfallsanitäter machen soll, obwohl ich seit zwanzig Jahren hervorragende Arbeit als Rettungsassistent leiste, das erklärt mir keiner. Der Job bleibt doch derselbe – grippale Infekte und eingerissene Fingernägel nachts um drei Uhr mit Alarm ins Krankenhaus fahren. Die echten Argumente werden leider verschwiegen. Was keiner sagt: Als Rettungsassistent kannst du bestenfalls parshippen! Aber als Notfallsanitäter, da bist du Elite und kommst auch bei den Singles mit Niveau rein!«, erklärte Hein in elitärem Tonfall und mit vielsagendem Blick.

Langsam wurde er albern. Die Staumeldung im Radio teilte mir indes unmissverständlich mit, dass ich mich noch auf mindestens neunzig Minuten unfreiwilliges Comedy-Programm einstellen konnte, als ein Disponent der Leitstelle uns über Funk ansprach:»RTW 3-1 mit der Frage nach Standort.«

Was für Hein eine Störung im Redefluss darstellte, war für mich eine Frage der Hoffnung. So amüsant mein Lieblingskollege auch sein konnte, irgendwann ging er mir dann doch auf die Nerven. Meinen Griff zum Funkhörer beäugte Hein dann auch fast vorwurfsvoll.

»Immer noch auf der Autobahn, kurz hinter der Stadtgrenze. Sehr zäh fließender Verkehr, teilweise Stau«, antwortete ich in der Erwartung, den restlichen Weg durch den Stau mit Blaulicht und Martinshorn zurücklegen zu können. Verstehen Sie mich nicht falsch. Nach über zwanzig Jahren im Beruf bin ich weit entfernt vom alarmgeilen Rettungsrambo. Doch ich gebe gern zu: Sonder- und Wegerechte sind im Stau eine extrem nützliche Sache.

»RTW 3-1. Eigentlich völlig egal, wo ihr steht. Ihr seid das letzte freie Einsatzmittel im gesamten Stadtgebiet, auf das ich Zugriff habe. Für euch geht's also in die Innenstadt zu so einem Nobelfranzosen namens Remettre à plat. Genaue Adresse kommt schriftlich auf den Funkmeldeempfänger. Notarzt läuft auch, das Ganze ist ein internistischer Notfall – nicht ansprechbare Person«, erläuterte der Disponent.

Hein war eine Weile damit beschäftigt, die genauen Einsatzdaten vom winzigen Display abzulesen, um dann die Adresse ins Navigationsgerät einzugeben, denn die Innenstadt gehörte eigentlich nicht zu unserem rettungsdienstlichen Jagdrevier.

Währenddessen griff ich das Mikrofon, das den Außenlautsprecher bediente, und wandte mich an die im Stau vor uns stehenden Pkws beziehungsweise deren Insassen.

»Bitte eine Gasse bilden. Bitte bilden Sie eine Gasse! Rettungsgasse bilden!« Obwohl ich in anschwellender Intensität und Lautstärke formulierte, passierte rein gar nichts.

Als das Folgetonhorn, im Volksmund auch gern als Martinshorn bezeichnet, die ersten Töne von sich gab, alterte der Fahrzeugführer im vorausfahrenden Pkw schlagartig um zehn Jahre. Durch seine Heckscheibe konnte ich beobachten, wie der arme Kerl zusammenzuckte und mehrere Sekunden brauchte, um den Schreck zu verdauen. Dass er dabei den Fahrersitz nicht versaute, ist nur auf herausragende Körperbeherrschung zurückzuführen.

Natürlich kann man diesen Augenblick mit einer gewissen Schadenfreude betrachten, aber glauben Sie mir, nichts liegt mir ferner. Ich hasse es selbst wie die Pest, plötzlich und unerwartet akustischen Reizen ausgesetzt zu werden, vielleicht ein Langzeitschaden meines Berufs. Aber was sollte ich machen? Ich konnte schlecht persönlich zu jedem Staukameraden laufen und mit warmen Worten um ein wenig Platz betteln.

Auf viel Verständnis darf man in solchen Situationen übrigens nicht hoffen. Es wurde wild gestikuliert und gezetert. Als sich zwischen linker und rechter Fahrspur endlich etwas Platz bot, sah sich ein BMW-Fahrer genötigt auszusteigen, um einen leeren Pappbecher auf unsere Windschutzscheibe zu schleudern. Vermutlich getrieben von Respekt und Hilfsbereitschaft gab er uns noch gute Ratschläge mit auf den Weg, von denen wir leider ob des immer noch laufenden Martinshorns so gut wie nichts verstanden.

Rettungsgassen können nachweislich Leben retten, egal ob auf der Autobahn, auf mehrspurigen Landstraßen oder im dichten Stadtverkehr. Der Rettungsdienst, die Feuerwehr und auch die Polizei sparen wertvolle Zeit, die für in Not geratene Menschen entscheidend sein kann. Aktuellen Umfragen zufolge wissen jedoch über fünfzig Prozent der Verkehrsteilnehmer mit dem Begriff der Rettungsgasse nichts anzufangen. Dabei ist es ganz einfach. Besagte Rettungsgasse sollte bereits gebildet werden, sobald der Verkehr stockt, und nicht erst, wenn völliger Stillstand herrscht beziehungsweise die Rettungskräfte mit Blaulicht und Tatütata im Rückspiegel erkennbar werden. Bilden Sie die Rettungsgasse immer zwischen dem äußersten linken und den übrigen Fahrstreifen. Befinden Sie sich also auf dem ganz linken Fahrstreifen, so weichen Sie bitte nach links aus. Auf allen übrigen Fahrstreifen, beispielsweise bei drei- und vierspurigen Straßen, rollen Sie Ihr Fahrzeug bitte nach rechts aus dem Weg – fertig ist die Rettungsgasse!

In unserem Fall glich selbige einem eng gesteckten Slalomkurs. Nicht jeder Führerscheininhaber kennt die Maße seines Fahrzeugs. Abstände, Dimensionen und Längen werden analog zum männlichen Geschlechtsteil oft falsch eingeschätzt, wobei Lkws noch einmal eine ganz besondere Herausforderung darstellen. Von Wohnmobilen mit schwarz-gelben Kennzeichen will ich gar nicht erst anfangen.

Inzwischen hatte sich unsere Umwelt an Blaulicht und Martinshorn gewöhnt, und es waren nicht mehr die anderen Verkehrsteilnehmer, die zeterten und fluchten, sondern Hein und ich. Alarmfahrten bedeuten stets eine gehörige Portion Stress, und so können verschiedene Aussagen aufgrund der freiwilligen Selbstkontrolle nur stark gekürzt wiedergegeben werden.

Hein:»Da sind noch drei Meter Platz, du ...«

Ich:»Mach dich da weg, sonst ...«

Hein: »Wenn ich das Kennzeichen sehe, weiß ich Bescheid, so ein ...«

Ich: »Guter Gott, wirf Hirn vom Himmel, das kann doch nicht so schwer sein, du vollkommener ...«

Hein: »In diesem Auto gibt es jede Menge Schnickschnack, auf den wir verzichten können. Was wir brauchen, sind Boden-Boden-Raketen. Jetzt guck dir das an ...«

So verging eine Weile, bis Hein im Rückspiegel ein weiteres Phänomen der Rettungsgasse beobachten konnte.

Wir wurden verfolgt. Ein Trittbrettfahrer im wahrsten Sinne des Wortes. Der Abstand zu unserer rückwärtigen Einstiegshilfe und einem mattschwarz lackierten Audi A6 betrug höchstens zwei Meter, und das bei einem Tempo von ungefähr fünfzig Stundenkilometer. Der Herr der vier Ringe hatte beschlossen, Zeit zu sparen und unseren Windschatten zu nutzen. Wer sollte ihn schon daran hindern? Mein inneres Gerechtigkeitsorgan verlangte zwar, sofort hart auf die Bremse zu treten, doch hätte diese Maßnahme unseren Einsatzerfolg massiv gefährdet und obendrein unendlich viel Schreibkram zur Folge gehabt.

Es war Hein, der die Übersicht behielt.

»Fahr weiter, fahr weiter, da hinten steht ein Streifenwagen im Stau! Den kann der Typ bis jetzt unmöglich gesehen haben. Die Dinge regeln sich manchmal von selbst. Der Figur besorgen wir es von hinten«, frohlockte er – und behielt recht. Weitere Blaulichter tauchten im Rückspiegel auf, und die Verfolgung unseres RTW endete mutmaßlich kostenpflichtig.

Keine zwei Kilometer weiter erwartete uns die nächste Eskalation, und Hein entfuhr ein entrüstet gebrülltes »Wer oder was bist du denn? Rettungsgasse ist kein Straßenname!«.

Ein Coupé der Marke Mercedes-Benz fühlte sich berufen, uns vorauszufahren. Über die Motivation des Fahrers kann man im Nachhinein nur spekulieren, jedenfalls zog der Möchtegern-Sportwagen plötzlich und ohne erkennbaren Grund in die Rettungsgasse und hoffte wohl auf freie Fahrt für freie Bürger. So weit, so schlecht. Überdies hatte der Fahrer des Wagens entweder aus Frust oder Furcht beschlossen, die Höchstgeschwindigkeit auf zwanzig Stundenkilometer zu begrenzen. Vielleicht hatte er Angst vor der eigenen Courage, vielleicht wollte er auch mit seiner eingebauten Vorfahrt ein verkehrserzieherisches Exempel am Rettungsdienst statuieren, in jedem Fall – verzeihen Sie meine Wortwahl – ein reinrassiger Vollidiot. Dass er einen Rettungswagen behinderte und in Tateinheit die Versorgung eines Patienten verzögerte, schien ihm egal zu sein, und dieses Mal tauchte kein Streifenwagen aus dem Nichts auf. Bedauerlicherweise fehlt uns die Zeit, solche Mitmenschen im Nachhinein anzuzeigen, in diesem Augenblick jedoch beschloss ich, sie mir in Zukunft einfach mal zu nehmen. Ich habe ja sonst keine Hobbys.

Die nächste Ausfahrt nutzten Hein und ich, um die Autobahn zu verlassen. An dieser Stelle mal ein großes Lob an die restliche Verkehrsgemeinde. Den Bereich der Ausfahrt hielt sie im Rahmen der Rettungsgasse vorbildlich frei. Den Fahrer des Mercedes-Benz überließen wir seinem Schicksal, viele Freunde hatte er sich im Stau sicherlich nicht gemacht.

Das Navigationsgerät leitete uns derweil zielsicher Richtung Innenstadt vor die Tür des besagten Nobelfranzosen. Ich kannte das Restaurant. Nicht, dass ich schon einmal dort diniert hätte – wo denken Sie hin, ich arbeite im Dienstleistungssektor! Aber zumindest die bunten Lichter an der Fassade hatte ich schon mal bewundern dürfen.

Mit übel riechenden Bremsen kamen wir vorm Remettre à plat zum Stehen. Von einem Notarzt war weit und breit nichts zu sehen, also galt es, sich zu beeilen, um zügig mit der Patientenversorgung beginnen zu können.

Das Einsatzstichwort »nicht ansprechbare Person« ließ durchaus Raum für Spekulationen. Von »beim Essen zwischen Gang vier und fünf eingeschlafen und dann mit dem Kopf auf den Tisch gefallen« bis hin zu »mausetot und knüppelhart« war alles möglich. Der Service in solchen Tempeln der gehobenen Gastronomie darf ja keinesfalls aufdringlich wirken, da sitzt man auch schon mal am Tisch, bis die Leichenstarre eingetreten ist – und nein, leider übertreibt der Autor an dieser Stelle keinesfalls.

Als wir das Etablissement betraten, prallten wir zunächst an einem Garçon ab, der unsere einsatzbedingte Hektik mit kultivierter Noblesse zu parieren wusste.

»Sie wünschen?«, fragte der Herr um die fünfzig im schwarzen Anzug freundlich, aber bestimmt.

»Dass du Pinguin Platz machst! In deinem Laden gibt es einen Notfall!«, schnauzte Hein und schob sich samt Ausrüstung an dem Mann vorbei in den Gastraum des Restaurants. Mag sein, dass sich mein Kollege minimal im Ton vergriffen hatte, wenn man jedoch auf dem Weg zu einem Patienten ist und unnötig aufgehalten wird, schmilzt das Nervenkostüm schon mal wie Trüffelbutter auf einem angewärmten Teller.

Auf den ersten Blick war das Remettre à plat wesentlich weniger nobel als gedacht. Relativ einfache Möblierung, zweckmäßiges Geschirr und schlichte Dekoration bildeten den

Rahmen. Der wahre Luxus offenbarte sich erst auf dem Teller beziehungsweise danach. Mit zwei Personen verlassen Sie dieses Etablissement niemals unter zweihundertfünfzig Euro, und das dürfte durchaus bescheiden geschätzt sein.

Insgesamt gab es acht verschieden große Tische, an denen insgesamt 32 Gäste Platz fanden. Der Gastraum war gut gefüllt, und die Sitzabstände dürfen als gemütlich beschrieben werden. Mit anderen Worten: Es war scheißeng.

»Tisch für zwei Personen. Solo. Hinten links!«, raunte uns eine weibliche Servicekraft diskret zu und war auch schon samt Tablett in einem Nebenraum verschwunden. Für Nachfragen blieb keine Zeit.

Hein stellte sich auf die Zehenspitzen und spähte in die genannte Richtung. »Da drüben«, stellte er knapp fest und wies mit ausgestrecktem Arm den Weg.

An dieser Stelle muss ich feststellen, dass der Begriff Rettungsgasse sowie deren tieferer Sinn bei den anwesenden Gästen ebenfalls nur mangelhaft verinnerlicht waren. Natürlich befanden wir uns nicht mehr im Straßenverkehr, aber dem Rettungsdienst den notwendigen Platz zu verschaffen, sollte auch abseits der Asphaltpisten eigentlich eine Selbstverständlichkeit sein.

Weit gefehlt – die Freunde und Freundinnen des sehr guten Geschmacks dinierten gemütlich weiter. Als wären wir unsichtbar, man beachtete uns nicht und nahm uns allenfalls als lästigen Fremdkörper während des kulinarischen Hochgenusses wahr.

Unzählige »Entschuldigung, dürften wir mal? Wenn Sie noch etwas rutschen könnten. Entschuldigung! Verzeihen Sie bitte, wir müssten mal ...« später gelangten wir endlich zum Tisch des Patienten.

Zwischen Genie und Wahnsinn besteht bekanntlich nur ein schmaler Grat, Gleiches gilt für meine Begriffe auch für Schaulustige und Ignoranten. Zwar war man unserem Patienten nicht voyeuristisch auf die Pelle gerückt, geholfen hatte man ihm jedoch genauso wenig.

Nach kurzer frustraner Untersuchung verbrachten wir den älteren Herrn auf dem Boden in die Waagerechte und begannen mit der Reanimation. Unser Patient hatte die Vitalfunktionen eingestellt. Hein und ich arbeiteten den Standard ab, der für solche Ereignisse vorgesehen ist, und erwarteten das Eintreffen des Notarztes. Unsere Anfahrt hatte knapp zehn Minuten in Anspruch genommen. Anruf und Alarmierung hinzugerechnet, hatte unser Patient mindestens zwölf Minuten ohne Sauerstoff verbracht. Da wäre es durchaus hilfreich gewesen, wenn sich jemand vom Lammrücken hätte losreißen können, um ein wenig Erste Hilfe zu leisten.

Zwischen Herzkompression und Beatmung verging die Zeit wie im Flug, bis der schon genannte Garçon erneut auftauchte und sich tatsächlich nach der Verfügbarkeit des Tisches erkundigte.

»Sind Sie noch lange hier?«, fragte er durch die Blume. Dass er den halb vollen Teller nicht gleich abräumte und sofort neu eindeckte, grenzte an ein Wunder.

Hein antwortete, wie nur er es konnte. »Hör gut zu, mein Freund! Wenn du morgen nicht in einer zweitklassigen Pommesbude arbeiten möchtest, scherst du dich vor die Tür und weist den Notarzt ein. Und, nein: Der hat auch keinen Tisch reserviert!«

Nach weiteren fünf Minuten traf unser Notarzt ein. Der junge Akademiker mit Niveau war uns vollkommen unbekannt, stellte sich jedoch sowohl fachlich als auch menschlich als angenehmer Zeitgenosse heraus.

»Es ist jetzt 17.25 Uhr, und ihr seid schon 'ne Weile dran, mit anderen Worten: Wir geben uns bis achtzehn Uhr Mühe, dann ist Schluss! Kennen wir Details über unseren Patienten?«

Natürlich konnte niemand im Gastraum Angaben zu dem Herrn auf dem Boden machen, also blieben wichtige Fragen zu Vorerkrankungen, notwendiger Medikation oder Ähnlichem ungeklärt.

Auch wenn unser Notarzt eine fixe Endzeit seiner lebensrettenden Bemühungen definiert hatte – bis dahin gab er Vollgas. Er intubierte den Patienten und defibrillierte den Herrn mehrfach, während ich einen Zugang zur Verabreichung von Medikamenten in den Schienbeinknochen bohrte und Hein eine Spritzenpumpe anschloss.

Machen Sie sich aber keine Sorgen, der Betrieb im Restaurant lief quasi normal weiter. Es bildete sich lediglich eine Rettungsgasse der besonderen Art, denn leider musste der Assistent des Notarztes mehrmals zum Einsatzfahrzeug eilen, um zweckdienliches Material nachzuführen, was im Gastraum zu Unruhe und allgemeinem Unmut führte. Dafür konnte man, als ich dem inzwischen entkleideten Patienten mit einem Akkuschrauber samt spezieller Nadel in den Knochen bohrte, am Nebentisch doch noch die Crème brûlée genießen.

Um 18.05 Uhr erfolgte die Todesfeststellung. »Unnatürlicher Tod« dokumentierte der Mediziner im Totenschein, was die Menüfolge nochmals dramatisch änderte, da diese Diagnose die Nachbestellung der Polizei und des örtlichen Leichenfuhrwesens erforderte.

»Bin gespannt, ob hier auch noch Bouillabaisse und Coq au Vin serviert werden, obwohl die Zinkwanne durch den Saal rollt«, bemerkte Hein sarkastisch, als kurze Zeit später Polizeihauptkommissar Schnelle den Raum betrat.

»Hier dürfen wir auch nur dienstlich rein«, bemerkte der Polizist und setzte hinzu:»Schöne Atmosphäre hier! So pietätvoll, warm und hilfsbereit. Ich bin ja froh, dass man mich wenigstens in Uniform reingelassen hat!«

Nach kurzer Übergabe wurden die rettungsdienstlichen Kräfte aus dem Einsatz entlassen. Der Vorschlag von Hein an PHK Schnelle,»Mit Ihrer Hilfe könnten wir uns doch wenigstens den Weg nach draußen freischießen, oder?«, blieb leider unberücksichtigt.

Ein Mann mit Eiern

Was war eigentlich zuerst da?
Der Ärger oder das Ei?

»Die Alarmierung klingt schon merkwürdig, oder?«, fragte ich, während Hein unseren Rettungswagen unaufgeregt durch das frühabendliche Sauwetter steuerte. »›Passant hat einen Mann auf dem P4 am Stadion befreit – schaut euch das mal an.‹ Was soll man damit anfangen? Woraus befreit? Oder wovon? Oder handelt es sich um ein Alkoholproblem, und Herr C. aus E. bei K. hat den Notruf einfach nicht geregelt gekriegt?«

Hein winkte ab. »Du machst dir immer zu viele Gedanken«, sagte er. »Wissen ist zwar Macht, aber nix wissen macht auch nix. Hör auf nachzudenken – der Bürger als solcher beweist dir doch jeden Tag, dass deine Vorstellungskraft mit dem Wahnsinn seines Handelns nicht konkurrieren kann. Wahrscheinlich hat gerade zum ersten Mal ein Mensch ein Ei gelegt, und wir sollen es jetzt ausbrüten – was weiß ich. Zieh dir Gummihandschuhe an, in nicht mal einer Minute sind wir da.« Hein hatte wie immer recht.

Bisher war es ein ausgesprochen ruhiger, ja fast langweiliger Sonntag gewesen – und zwar der erste nach dem ersten Frühlingsvollmond, der im Jahre 325 nach Christus auf dem Konzil von Nicäa als Osterdatum festgelegt worden war. Dramatisches hatte sich deshalb jedoch noch lange nicht ereignet, und das Spektakulärste am heutigen Tag war noch die schmerzhaft rausgeflogene Kniescheibe einer gestürzten Teilnehmerin der Osterprozession gewesen, die Hein flugs wieder einrenkte, um dies sofort als eine gewisse Form der Wiederauferstehung für sich in Anspruch zu nehmen.

Berufliche Unterforderung mündet bei mir bisweilen im genauen Gegenteil, und als wir nun mit unserem Rettungswagen auf den in der Alarmierung genannten Parkplatz P4 einbogen, war ich in gewisser Weise erregt. Es herrschte eine surreale, ja sogar ein wenig unheimliche Stimmung. Wie sich das diffuse schwach gelbe Licht der Parkplatzbeleuchtung mit dem Nieselregen und unserem Blaulicht mischte, wäre Alfred Hitchcock, Edgar Wallace und sogar Carolin Reiber würdig gewesen.

»Ich glaube, da vorn tut sich was«, sagte Hein und deutete mit ausgestrecktem Zeigefinger aus dem Seitenfenster. Aus fahlen Silhouetten wurden langsam deutliche Umrisse, und gleich darauf erkannten wir zwei männliche Personen, die sich stetig auf uns zu bewegten. Der eine schob ein Fahrrad, und der andere ging so breitbeinig, wie es seine Anatomie zuließ.

»So, dann wollen wir mal«, murmelte ich, während Hein und ich die Fahrzeugtüren öffneten. Wir stiegen aus, und als wir zeitgleich die Türen zuwarfen, ergänzte Hein flüsternd: »Da bin ich mir noch nicht so sicher.«

Ich trat den beiden Männern entgegen. »Guten Abend, Rettungsdienst. Haben Sie uns gerufen?«

»Und ob!«, antwortete der Kerl, der das Fahrrad schob. Er war jung, gute einsachtzig groß, schlank, sportlich und verdammt gut aussehend. Aufkleber eines Wohnheims auf dem Fahrrad und das gesamte Erscheinungsbild ließen mich den Mann als Sportstudenten einordnen. Seine Stimme klang aufgeregt.»Hier hat ein Verbrechen stattgefunden. Ich hab den Herrn hier befreit! Ist die Polizei auch schon da?«

Mit der freien Hand stützte er einen deutlich älteren Herrn um die sechzig (grau meliertes Haar, übergewichtig), der einen fahrigen, unsicheren Eindruck machte. Die ganze Ausstrahlung des Mannes schrie:»So etwas kann mir nicht passiert sein!« In seinem klein karierten Hemd und seiner viel zu weiten Stoffhose wirkte er gleichzeitig wütend und beschämt. Darüber hinaus hatte man ihn mit irgendetwas von oben bis unten beschmiert, und seine Körperhaltung signalisierte, dass er auch physisch gelitten hatte.

»Von einem Verbrechen war bisher keine Rede«, ergriff Hein das Wort.»Was die Polizei angeht, können wir aber mal nachhaken. Trotzdem wüssten auch wir ganz gern, was sich hier überhaupt zugetragen hat.«

Der Mittsechziger, dessen Gangbild deutliche Ähnlichkeiten mit John Wayne aufwies, erwiderte:»Man hat mich brutal überfallen, beraubt und dann gefesselt hier zurückgelassen!«

»Es tut uns zunächst mal sehr leid, dass Ihnen dergleichen widerfahren ist«, sagte Hein für seine Verhältnisse sehr einfühlsam.»Aber beschreiben Sie uns bitte dennoch möglichst genau, was passiert ist. Und Ihren Namen benötigen wir ebenfalls.«

»Mein Name ist Lampe – wie das Licht. Aber Sie glauben es mir sowieso nicht.« John Wayne seufzte tief und mitleiderregend, bevor er fortfuhr:»Eigentlich wollte ich nur pinkeln.«

»Das ist kein Verbrechen, höchstens eine Ordnungswidrigkeit«, unterbrach ich spontan und so unpassend wie überflüssig, aber manchmal ist die Zunge halt schneller als das Gehirn. Was soll man da machen?

»Entschuldigen Sie meinen Kollegen.« Hein warf mir einen vorwurfsvollen Blick zu, bevor er das mutmaßliche Opfer ermunterte. »Fahren Sie bitte einfach fort, Herr Lampe.«

»Wie schon gesagt, ich musste dringend pinkeln. Bis zu Hause sind es noch zig Kilometer, das hätte ich niemals geschafft. Nur deshalb habe ich hier auf dem Parkplatz angehalten. Ungefähr fünf Meter vor mir stand noch ein anderes Auto geparkt, ohne Beleuchtung, aber mit laufendem Motor. Ich habe mir nichts dabei gedacht, sondern trat an die Böschung, um mein Geschäft zu verrichten. Und dann ging auch schon das Geschrei los. Eine Frau rief völlig hysterisch: ›Hau ab, du Arsch! Weg mit dir! Was suchst du hier? Wir wollen hier in Ruhe vögeln!‹ Aus Reflex habe ich mich, noch immer pinkelnd, umgedreht. Dann kam auch schon ein riesiger Kerl auf mich zu, der mir ohne Vorwarnung mit voller Wucht zwischen die Beine trat, und dann gingen erst mal die Lichter aus. Ab da ... kompletter Filmriss.«

Herr Lampe sah uns mit leidender Miene an.

»Kommen Sie erst mal mit in den Rettungswagen«, schlug ich vor. »Da regnet es wenigstens nicht, und während wir Sie medizinisch grob durchchecken, können Sie uns alles Weitere zumindest in etwas angenehmerer Atmosphäre schildern. Was meinen Sie?«

Herr Lampe nickte dankbar. Gesagt, getan. Während der helfende Passant auf dem Beifahrersitz des RTW Platz nahm und wir parallel zu ersten Untersuchungen das Eintreffen der Polizei abwarteten, lauschten Hein und ich den weiteren Schilderungen des Opfers.

»Also, das Nächste, an das ich mich wieder erinnern kann, ist, dass ich nicht in der Lage war, mich richtig zu bewegen. Dann wurde mir langsam klar, dass man mich an einen Laternenpfahl angebunden hatte, die Hände mit Nylonstrümpfen hinter dem Rücken gefesselt, sodass ich mich nicht selbst befreien konnte. Das muss man sich mal vorstellen. Welche Mühe die sich mit mir gemacht haben – und das nur, weil die sich gestört fühlten. Mein Auto ist übrigens auch weg, verschwunden, geklaut, nagelneuer Audi, gerade zweitausend Kilometer drauf. Ich hab doch nichts Böses gewollt!« Herr Lampe erzählte mit so gequälter Stimme, dass ich kurz den Impuls spürte, ihn einmal fest zu drücken.

Ich ließ es bleiben, und auch ohne diesen Akt der menschlichen Zuwendung schloss unser Patient seinen Bericht mit Erleichterung: »Gott sei Dank ist dann irgendwann der junge Mann hier aufgetaucht und hat mich befreit.«

Hein setzte zu einer Nachfrage an, vermutlich um herauszufinden, womit man Herrn Lampe beschmiert hatte, als ein Streifenwagen mit Schwung und Blaulicht auf den Parkplatz schleuderte.

»Das ist gut, die Polizei trifft gerade ein, dann brauchen Sie nicht alles zweimal zu erzählen«, stellte mein Kollege nüchtern fest, als der uns gut bekannte Polizeihauptkommissar Schnelle gesten- und wortreich auf uns zueilte.

»Aha, wieder mal Hein und Jörg – die Miss Marple und der Herr Stringer des hiesigen Rettungsdienstes«, begrüßte er uns in seiner unnachahmlichen Art. »Warum seid ihr eigentlich immer vor uns am Tatort? Das macht euch irgendwie verdächtig. Wahrscheinlich habt ihr schon Ermittlungsarbeit geleistet, eine Fahndung eingeleitet, den Täter gefasst und den Typen im Wald an einen Baum gebunden. Stimmt das so in etwa?«

»Nicht ganz«, erwiderte ich und gab PHK Schnelle eine kurze Zusammenfassung unserer bisherigen Erkenntnisse. »Das Opfer, der Herr Lampe. Beim Urinieren überfallen, beraubt, an eine Laterne gefesselt und mit irgendwas beschmiert, vital so weit stabil. Zeuge auf dem Beifahrersitz, Täter vermutlich mit dem Fahrzeug des Opfers flüchtig. Lage alles in allem noch unklar.«

Der Polizist hörte aufmerksam zu, überlegte kurz und ließ uns dann an seinen Gedanken teilhaben. »Ich denke, es ergibt Sinn, wenn wir uns aufteilen. Mein Kollege bleibt hier bei Ihnen, Herr Lampe, und nimmt Ihre Aussage auf. Ich schaue mir gemeinsam mit Ihrem Befreier den eigentlichen Tatort an und höre mir die Schilderung des unabhängigen Zeugen an.« PHK Schnelle hielt kurz inne und musterte Herrn Lampe eingehend. »Mein Gott, Sie sehen ja schlimm aus – mit was hat man Sie da beschmiert? Ach, lassen Sie's gut sein. Details klären wir später.«

Ohne eine Antwort abzuwarten, wandte er sich an den vermeintlichen Sportstudenten auf dem Beifahrersitz und forderte ihn per Handzeichen auf, ihm zu folgen. Mit ein wenig Widerwillen im Gesicht, denn der Nieselregen war inzwischen in einen ordentlichen Landregen übergegangen, stieg der junge Mann aus und schloss zum Polizisten auf, der sich bereits in Bewegung gesetzt hatte.

»Ich komme ebenfalls mit!«, entschied Hein ungefragt, von natürlicher Neugier getrieben. Ein gleichgültiges »Soll mir egal sein!« von PHK Schnelle verhallte im Regen, als mein Kollege den Kragen seiner Jacke hochzog und hinterhereilte.

»Dann komme ich jetzt mal zu Ihnen ins Trockene«, erklärte der zweite Polizist und stieg in den Patientenraum des Rettungswagens.

»Wahrscheinlich soll ich alles noch mal erzählen, oder?«, fragte Herr Lampe geringfügig genervt, ergab sich aber in sein Schicksal, während der Polizist zustimmend nickte. Der Ärmste schilderte also erneut sein Leid, fügte hinzu, dass neben seinem Auto auch noch Mobiltelefon und Portemonnaie gestohlen seien, und endete dieses Mal mit: »Übrigens fühlen sich meine Glocken zunehmend beschissen an.«

Während der Polizist etwas von Fahndungserfolgen nach Raubüberfällen faselte und nach Personenbeschreibungen fragte, reichte ich Herrn Lampe eine Art Eisbeutel, in Fachkreisen auch »Coolpack« genannt, mit dem er sein Gemächt samt Anhang kühlen konnte.

»Eine Beschreibung der Täter kriege ich nicht hin«, quetschte er zwischen zusammengebissenen Zähnen hervor. »Außer dass der Typ, der mir zwischen die Beine getreten hat, riesengroß war, kann ich gar nichts sagen. Ahhhh, ist das kalt – aber tut das gut, puhhh!« Herr Lampe schloss die Augen und atmete ein paarmal tief ein und aus, bevor er fortfuhr: »Ich kann nicht mal sagen, ob die zu zweit, zu dritt oder zu viert waren. Ich weiß nur: Nach dem Tritt gingen die Lampen aus. Klingt zwar lustig bei meinem Nachnamen, ist es aber nicht. Auch als ich gefesselt an diesem Mast gestanden habe, konnte ich nichts erkennen – die haben mir mit irgendetwas die Augen verbunden. Am besten, Sie fragen mal den jungen Mann, der mich befreit hat.«

»Sie wissen schon, dass der Parkplatz häufig von Prostituierten zur Verrichtung ihrer Dienstleistung genutzt wird?«, erkundigte sich der Polizist abschließend, woraufhin Herr Lampe Augenkontakt vermied und eine Antwort schuldig blieb.

Währenddessen ...

»Dann kamen Sie also aus dieser Richtung und wollten über den Parkplatz weiter zu den Sportanlagen, als Ihnen eine offensichtlich hilflose Person auffiel, die an diesen Mast gebunden war?«, hinterfragte PHK Schnelle die bisherigen Aussagen des Zeugen und deutete auf den stählernen Fuß der Lichtquelle.

»Ja, genau. Eigentlich habe ich gedacht, ich wäre in das Filmset eines Krimis geraten und würde gleich angeschnauzt. Dann habe ich langsam begriffen, dass der ganze Scheiß hier echt ist. Ich muss zugeben, dass ich mich erst ein Dutzend Mal umgedreht habe, bis ich sicher war, dass hier nicht noch ein paar Irre rumlaufen.« Der Zeuge zuckte mit den Schultern. »Na ja, schließlich habe ich dem Herrn einen Damenslip vom Kopf gezogen – der müsste irgendwo noch herumliegen.«

Hein bückte sich sogleich und hielt das Beweisstück in die Höhe. »Jawohl, lag hier. Ein schwarzer Damenslip, auf dessen spärlichem Stoffanteil die Worte ›Fuck the World‹ eingestickt sind.«

PHK Schnelle ignorierte Hein und sein Fundstück und forderte stattdessen: »Und weiter?«

»Na ja, ich hab den Kerl dann mit meinem Taschenmesser von seinen Fesseln befreit. Das waren so Nylondinger, mit denen die Handgelenke einzeln verschnürt und auf dem Rücken hinter dem Mast zusammengeknotet waren. Erinnerte ein wenig an einen Marterpfahl, Indianer und so, Sie verstehen? Der Mann – Herr Lampe – hat sich immerzu bei mir bedankt und abwechselnd geflucht, was für Wahnsinnige ihm das angetan hätten. Mich haben die ganzen zerbrochenen Eierschalen gewundert, die hier überall rumliegen. Irgendwas ist da doch komisch, oder?« Der Sportstudent warf PHK Schnelle einen fragenden Blick zu.

»Der Gedanke kam mir auch schon«, erwiderte der Polizist, während er den Tatort weiter in Augenschein nahm. Er begutachtete die Reste der durch den Zeugen beschriebenen Nylonfesseln, die wohl aus rötlichen halterlosen Strümpfen bestanden hatten, und untersuchte akribisch die zahllosen Eierschalen, die ringsherum verstreut lagen.

»Zwei, vier, zehn, sechzehn, zwanzig, vierzig ... ach du Scheiße«, überschlug er grob die Anzahl der zerbrochenen Hühnerfrüchte, und allmählich dämmerte Hein, dass zwischen den Eierschalen und dem besudelten Herrn Lampe ein Zusammenhang bestehen könnte.

»Die haben den armen Kerl überfallen, beklaut, der Freiheit beraubt und dann auch noch mit rohen Eiern beschmissen! Was für ekelhafte Schweine!«, gab Hein konsterniert von sich.

»Ja, so ungefähr dürfte es gewesen sein«, antwortete PHK Schnelle, führte dann jedoch weiter aus: »Erstens ist hier ein Treffpunkt der Straßenprostitution. Zweitens haben nach meiner Erfahrung Zuhälter und Nutten selbst in der Osterzeit keine vierzig bis sechzig Eier dabei, und drittens habe ich das Gefühl, dass übertriebenes Mitleid mit dem vermeintlichen Opfer fehl am Platz sein könnte. Am besten, wir sprechen noch mal mit dem Herrn.«

Wenige Minuten später traf sich die gesamte Combo am Rettungswagen. Der Regen hatte inzwischen nachgelassen, und so hielt sich mein Mitleid in Grenzen, dass PHK Schnelle, der vermeintliche Sportstudent und Hein aus Platzgründen draußen bleiben mussten, während unser Opfer, der namenlose Polizist und ich es uns im Inneren des Patientenraums gemütlich gemacht hatten. Es folgte der Austausch der jeweils gewonnenen Erkenntnisse.

»Es ist alles noch viel schlimmer, als wir dachten!«, entfuhr es mir. »Hier geht es um Körperverletzung, Diebstahl und Freiheitsberaubung in besonders schwerem Fall. Außerdem hat man Herrn Lampe auch noch die Augen verbunden, er ist also nicht mal in der Lage, eine Personenbeschreibung zu liefern.«

Ein genervtes »Genau!« des Polizisten unterbrach meine empörten Ausführungen. Gerade wollte er zu weiteren Schilderungen ansetzen, als Hein das Wort ergriff.

»Na ja, Augen verbinden ist relativ. Eigentlich hatte man Ihnen ...« Mein Kollege schaute nun Herrn Lampe direkt in die Augen. »Eigentlich hatte man Ihnen einen vermutlich benutzten schwarzen Damenschlüpfer über den Kopf gezogen.«

Herr Lampe antwortete nicht, sondern übergab sich unter heftigem Würgen mit einem lauten »Brröööhhh« spontan in den Rettungswagen.

Mit den Worten »Das war's! Jetzt könnt ihr euren Scheiß hier aber echt allein machen!« verließ der Polizist den Rettungswagen. PHK Schnelle schaute seinem Kollegen mitleidig hinterher, als ich versuchte, Hein mit Blicken zu töten. Der zuckte nur entschuldigend mit den Schultern, während unser Opfer sich langsam wieder fing und in ein sich wiederholendes »Warum? Warum?« verfiel.

»Warum? Das ist eine sehr gute Frage!«, schaltete sich nun PHK Schnelle investigativ in die Wahrheitsfindung ein. »Das ist alles ganz fürchterlich, was hier passiert ist – aber wozu hatten

Sie eigentlich unzählige Eier bei sich? Oder sind beziehungsweise waren die nicht von Ihnen?«
»Was soll die Frage? Es ist Ostern!«, wäre eine kluge Antwort gewesen. Die skurrile Replik des gepeinigten Herrn Lampe war jedoch folgende:»Doch, die Eier sind von mir. Ich war zum Grillen eingeladen. Das ist doch kein Verbrechen, oder?«
»Zum Grillen?«, fragte PHK Schnelle, bevor er süffisant fortfuhr:»Vielleicht hat Sie ja der Osterhase überfallen. Ich weiß noch nicht genau, was hier passiert ist. Aber ich finde es heraus! Wir rufen jetzt ein paar Kollegen, die den Tatort sichern. Mit Ihnen«, er deutete unheilvoll auf Herrn Lampe, der sich erschrocken duckte,»fahren wir zur Untersuchung und anschließenden Spurensicherung ins Krankenhaus. Ostern hin oder her – auf irgendwelche faulen Eier habe ich keinen Bock mehr!«

Hein schloss die Schiebetür des Rettungswagens und ließ mich mit Herrn Lampe und dessen Bescherung allein. Draußen wandte er sich verdutzt an PHK Schnelle.»Jetzt waren Sie aber plötzlich sehr streng! Der arme Kerl kann doch wahrscheinlich gar nichts dafür, der wollte doch nur ...«

»Der wollte doch nur was? Spielen?«, unterbrach der Kommissar.»Hein! Jetzt mal nicht so naiv. Der Parkplatz gehört nach Anbruch der Dunkelheit inoffiziell zum Straßenstrich. Der Kerl hat vermutlich 'nen Fetisch und steht darauf, wenn Nutten ihn gefesselt mit rohen Eiern bewerfen. Bloß ist er leider an die falschen Mädels geraten und übel abgezogen worden. Von allem anderen muss ich erst mal überzeugt werden. Beim Pinkeln überfallen!« Schnelle schnaubte abfällig.»Mit sechzig Eiern im Gepäck bei acht Grad Außentemperatur zum Grillen eingeladen! An Ostern! Das berühmte Ostereiergrillen – der erzählt uns eine Räuberpistole vom Allerfeinsten!« Schnelle wandte sich ab und ließ Hein stehen.

Der Sportstudent, der in der Zwischenzeit ein wenig zur Randfigur geworden war, sprach nun seinerseits Hein an: »Entschuldigung, ich bin ein wenig unsicher, und ich weiß auch nicht so recht, wie ich es formulieren soll. Ich habe so was schließlich noch nie erlebt – aber darf man über das Ganze hier lachen?«

Hein dachte einen Moment nach und antwortete dann: »Hmm, nicht alles, was komisch ist, ist auch lustig – aber in diesem Fall würde ich sagen: Ja.«

Alter schützt vor Torheit nicht

Frau Braun will's nicht gewesen sein

Auf der Wache wird zu Dienstbeginn angetreten. Der ein oder andere Kollege mag es für überholt halten, aus meiner Sicht ergibt dieses gelebte preußische Relikt vergangener Tage jedoch durchaus Sinn. Das Ganze fördert Disziplin und Ordnung. Außerdem wird jeder auf den neuesten dienstlichen Stand gebracht, und es ist eine hervorragende Gelegenheit, eigene Interessen zur Sprache zu bringen. Manche Kollegen stören sich dabei an der Tatsache, dass man wie beim Militär glatt rasiert in einer Reihe steht, aber wie soll man es allen recht machen? Genauso wenig finden Stuhlkreise oder gemeinsame Spaziergänge auf dem Wachgelände allgemeinen Anklang, und für irgendetwas muss man sich nun mal entscheiden.

Wie sagte ein ehemaliger Ausbilder fünfzehn Minuten nach Eintritt in mein Dienstverhältnis: »Finden Sie sich mit dem Gedanken ab, dass Sie ab heute einer paramilitärischen Einheit angehören.«

Als ehemaliger Zivildienstleistender habe ich mich innerlich kurz geschüttelt, dann gelacht und wenig später festgestellt, dass bei Feuerwehr und Rettungsdienst Hierarchie, Struktur und das Wissen um den eigenen Platz in der Hackordnung von elementarer Bedeutung sind. Allerdings darf man diese Dinge keinesfalls gleichsetzen mit blindem Gehorsam und bedingungsloser Gefolgschaft.

Wie dem auch sei, am heutigen Morgen hatte Noah, unser Zugführer vom Dienst, keine leichte Truppe erwischt – man sah es seinem Gesichtsausdruck an, mit dem er die versammelte Mannschaft musterte. Die Kombination der Kollegen passte einfach nicht gut zusammen. Für die Mehrheit funktionierte ein jovialer Führungsstil, wie Noah ihn bevorzugte, bei Sebastian, Olaf und Thomas hingegen durfte man keinerlei Schwäche zeigen und war mit einer autoritären Gangart besser bedient.

»Ich fühle mich als frischgebackener Vater schon zu Hause wie der Teilnehmer einer Schlafentzugsstudie!«, stöhnte Olaf. »Wieso muss ich jetzt auch noch auf das Kleinlöschfahrzeug? Da fahr ich wieder die ganze Nacht durch die Gegend, um älteren Damen die Batterien zu wechseln ... also deren Rauchmeldern. So sinnvoll die Dinger auch sein mögen, ich will mal durchschlafen, kann ich nicht auf die Drehleiter tauschen?«, benörgelte er die Fahrzeugeinteilung, und Noah seufzte.

»Ich kann auch nicht pennen!«, verkündete Thomas in dominantem Tonfall. »Aber das liegt nicht an den Einsätzen, sondern an dem Zeug, das es hier auf der Wache inzwischen zum Essen gibt. Gedünstetes Gemüse – von der Scheiße werde ich nachts mit Hunger wach. Dieser vegetarische Samstag gehört abgeschafft. Ohne Mampf kein Kampf – ohne Fleisch nehme ich weder an Übungen noch am Dienstsport teil!« Er schaute dabei so grimmig in die Runde, als wäre er bereits jetzt unterzuckert.

Sebastian setzte an, um auf verschiedene Missstände in der Dokumentation des Stromverbrauchs der Wache aufmerksam zu machen, wurde jedoch von der sich entwickelnden Diskussion über das gemeinsame Essen übertönt.

Noah war hin- und hergerissen. Sollte er mit der Faust auf den nicht vorhandenen Tisch schlagen, um der Lage Herr zu werden oder ließ er die Meute noch ein wenig toben, bis sich Unzufriedenheit und Streitlust von selbst kanalisieren würden? Die Entscheidung wurde ihm vom Bürger abgenommen. So manche dienstliche Diskussion entsteht nur dadurch, dass zu viel Zeit zum Nachdenken vorhanden ist – da kann so ein Alarm schon mal Frieden stiftend wirken.

»Einsatz für das Löschfahrzeug der Westwache, auslaufende Betriebsstoffe nach Verkehrsunfall.« Mit diesen Worten lud der Disponent der Leitstelle zum ersten Einsatz ein. Ähnlich ging es weiter, und kleinere Hilfeleistungseinsätze prägten den Vormittag.

Später wurden Löschfahrzeug und Tanklöschfahrzeug gebunden, um den Vollbrand einer Garage zu löschen. Ursächlich war ein Mitbürger, der geringfügig übermotiviert einen propangasbetriebenen Brenner im Rahmen der Unkrautvernichtung eingesetzt hatte. Nachfragen, ob derartige Ereignisse von der Gerätegarantie gedeckt seien, konnte und wollte Noah dem Hobbygärtner nicht abschließend beantworten.

Die Rückfahrt zur Wache bereicherte ein Telefonanruf von Thomas.

»Ihr müsst schnell zurückkommen! Hier ist einiges schiefgelaufen, das mit dem Kochen hat nicht funktioniert«, begann er seine Schilderung. »Wir können nix dafür! Warum sitzen eigentlich alle zur Zubereitung von Nahrungsmitteln geschulten Kollegen auf dem Löschfahrzeug? Auf der Drehleiter sind heute nur Rezeptlegastheniker unterwegs. Gerd hat sechs Kilo Reis in einen Topf geworfen, in dem vier Liter Wasser kochten und in

den insgesamt acht Liter passen – jetzt ist die Scheiße überge-
kocht und Holland in Not. Alle sind abgehauen, ganz plötzlich
kümmert sich die fahnenflüchtige Brut um die Erfüllung ihrer
Aufgaben im Sachgebiet. Von Kochen keine Spur, und die Küche
sieht aus ... diese weiße zähflüssige Pampe ist überall ...« Verzweiflung schwang in Thomas' Stimme.

»Für wen wolltet ihr Wahnsinnigen denn bitte schön sechs
Kilo Reis kochen?«, erkundigte sich Noah, leicht panisch über
die kulinarischen Fähigkeiten der Daheimgebliebenen. »Hat
sich ein Bataillon Panzergrenadiere der Bundeswehr zum Mit-
tagessen angemeldet oder was?«

»Wir kochen doch auch immer sechs Kilo Nudeln – das ist
doch quasi dasselbe ...«, antwortete Thomas, bevor unser Zugführer das Gespräch ohne weiteren Kommentar beendete.

Peter, unser heutiger Maschinist, hatte unfreiwillig mitgehört
und fühlte sich ebenfalls zu einem Kommentar berufen. »Reg dich
nicht auf«, brummte er. »Der Einzige, der in unserer Wachabteilung wirklich gut kochen kann, ist Hein. Ansonsten hat man es
hier, wenn es ums Essen geht, ausschließlich mit Deppen zu tun.
Weiß doch jedes Kind, dass Nudeln keine Hülsenfrüchte sind.«

Noah forschte noch in Peters Gesichtsausdruck nach Anzeichen von Ironie, als die Leitstelle auch schon zum nächsten Einsatz bat. »Einmal für das Löschfahrzeug der Westwache in die
Ritterbachstraße, ausgelöste Brandmeldeanlage (BMA) in der
dortigen Gesamtschule, noch keine weiteren Erkenntnisse«,
krächzte es heute besonders unverständlich aus dem Lautsprecher des Funkgerätes. In Zeiten des Digitalfunks eigentlich nicht
nachvollziehbar, aber manchmal mag es auch an der Aussprache
des Disponenten liegen.

Wie dem auch sei, jeder hatte ein bisschen etwas verstanden, und so erreichten wir nach kurzer Anfahrt mit Blaulicht und Martinshorn tatsächlich die richtige Einsatzstelle. Doch weder schlugen Flammen aus den Fenstern, noch stieg schwarzer Rauch über der Bildungseinrichtung auf, und uns begrüßte ein entspannter Hausmeister im etwas klischeebehafteten grauen Kittel. Von wegen »Hurra, hurra, die Schule brennt!«. Samstags gegen vierzehn Uhr waren bis auf ein paar von Müttern vergessenen Strebern eh keine Schüler mehr anwesend, und so würde auch dieser Alarm einer Brandmeldeanlage als Fehlalarm in die Feuerwehrgeschichte eingehen.

Natürlich kontrollierten wir den Bereich, den der alarmierende Rauch- und Wärmemelder überwachte, aber am Ende sagte Noah seinen Standardsatz auf: »Keine Feststellung, Anlage wieder auf Überwachung geschaltet. Ursache der Alarmierung unklar. Einsatzstelle an den Hausmeister übergeben, dieser veranlasst technische Überprüfung der Anlage.«

Um es klar zu sagen: Brandmeldeanlagen sind genauso sinnvoll wie private Rauchmelder. Sie retten Leben und helfen, Brände bereits in der Entstehungsphase zu bekämpfen. So weit, so gut. Leider neigen sie manchmal zu technischen Störungen oder sind sinnbefreit verbaut. Ein reiner Rauchmelder kann zum Beispiel Rauch nicht immer mit Sicherheit von Wasserdampf unterscheiden und hat somit über einer Kochstelle nichts verloren. Hängt er doch überm Herd, kommt es zu Fehlalarmierungen und führt damit zu gefährlicher Gewöhnung. Nicht selten wird der Räumungsalarm einer BMA ignoriert oder der heimische Rauchmelder der Batterie beraubt. Meine eigene Lebensgefährtin hat in Hotelzimmern schon Rauchmelder mit einer Duschhaube sabotiert, um noch mal eben ungestört einen Zigarillo zu rauchen. Akzeptanz und Nutzen der Anlagen sind noch nicht in allen Köpfen verankert – hier braucht es wohl noch etwas gesellschaftliche Geduld.

Selbst in Feuerwehrkreisen sind Brandmeldeanlagen nicht immer beliebt. Häufige Fehlalarmierungen, womöglich dreimal in einer Nacht durch dieselbe Anlage, frustrieren, wenn auch aus unterschiedlichen Gründen, sowohl den faulen als auch den fleißigen Brandmeister. Persönlich habe ich mir angewöhnt, Fehlalarmierungen durch BMA oder Heimrauchmelder als Generalprobe und Training für das nächste echte Feuer zu betrachten – das entspannt die Sache gewaltig.

Das Einsatzgeschehen des heutigen Tages entspannte sich allerdings kein bisschen, es blieb eine unruhige, ereignisreiche Dienstschicht. Bis einundzwanzig Uhr hatten wir neun Einsätze, was für meine Wache durchaus als überdurchschnittlich bezeichnet werden darf. Die Bemühungen, selbst zu kochen, waren am späten Nachmittag eingestellt und durch eine opulente Pizzabestellung ersetzt worden; andernfalls hätte man mindestens das Löschfahrzeug wegen allgemeiner Hypoglykämie am frühen Abend außer Dienst nehmen müssen.

Dann herrschte plötzlich Stille im Funkkanal, die Bevölkerung schien sich wieder im Griff zu haben. An Ruhe war dennoch nicht zu denken. Vom Tagesverlauf aufgekratzt, fand die Mannschaft keinen Schlaf, sondern ergab sich in ein nächtliches Pokerturnier, dessen Einsätze in Küchendienst und Fahrzeugpflege umgerechnet wurden.

Bevor Noah sich auch noch die achte Schicht in Folge Arbeit am Kochlöffel einbrocken konnte, hatte der Bürger gegen sechs

Uhr ein Einsehen und rief uns zur nächsten BMA, diesmal in ein an den städtischen Friedhof angrenzendes Altenheim. »Kurze Wege!«, lästerte Peter, bevor er aus dem Hallentor fuhr und Gas gab, um zeitnah an der Einsatzstelle einzutreffen. Alarmierungen zu Brandmeldeanlagen in Altenheimen sind speziell. Zwar kann man auch hier davon ausgehen, dass ein Großteil aller Einsätze keinen dramatischen Verlauf nimmt, aber wehe, der Einsatz gehört zu den wenigen anderen – dann bekommt der Furz plötzlich Gewicht, mit anderen Worten: große Scheiße.

In unserem Fall handelte es sich streng genommen nicht einmal um ein Altenheim, sondern um eine sogenannte Seniorenresidenz. Der Unterschied macht sich vor allem im Mitgliedsbeitrag bemerkbar, ansonsten spricht man eben nicht von Patienten oder Bewohnern, sondern von Gästen und Kunden – an dieser Stelle mal ein Hoch auf die freie und soziale Marktwirtschaft beziehungsweise das »Wording« beim Marketing.

Altenheim hin, Seniorenresidenz her, welchen Namen das Kind auch trägt, es handelt sich um Einrichtungen, die aus Feuerwehrsicht mit einem enormen Gefahrenpotenzial verbunden sind. Viele Zimmer, viele Menschen, davon nicht wenige aufgrund des Alters geistig und/oder körperlich eingeschränkt – da machen Feuer, Rauch und deren Ausbreitung besonders tiefe Sorgenfalten. Als Zugführer und Einsatzleiter darf einem da schon mal der Schweiß auf der Stirn stehen.

Peter hatte unser Löschfahrzeug kaum zum Stehen gebracht, da sprang Noah heraus und rannte auf den Eingangsbereich der Einrichtung zu. Die elektrische Schiebetür signalisierte durch den Aufkleber BMZ (Brandmeldezentrale) zwar den richtigen

Weg, öffnete allerdings, der üblichen Betriebsgeschwindigkeit der Gäste angepasst, eher langsam die Pforten, was zu ersten lautstarken Unmutsbekundungen führte.

Der Angriffstrupp, ausgerüstet mit Pressluftatmer, Schläuchen und Löschgeräten, folgte, so schnell die Stiefel trugen, und wartete im Foyer, um Noahs Befehle entgegenzunehmen. Unser Einsatzleiter war inzwischen in ein angrenzendes Büro vorgedrungen, um den alarmierenden Melder zu identifizieren und die entsprechende grafische Objektbeschreibung aus den Feuerwehrplänen herauszusuchen. Die im ledernen Ohrensessel sitzende Seniorin hatte er übersehen. Umso mehr beanspruchte sie jetzt die Aufmerksamkeit des Angriffstrupps, den heute Hein anführte.

»Ich zahle gar nichts!«, entfuhr es der Hochbetagten in wütendem Ton.

Bitte stellen Sie sich folgendes Bild vor: Zwei martialisch aussehende, mit Helm, Atemschutzmaske, Pressluftatmer, Axt und so weiter voll ausgerüstete Feuerwehrmänner stehen erwartungsvoll vor einer für die Uhrzeit viel zu elegant gekleideten Dame, die mit ihren silberblauen Haaren an die Queen erinnert, und werden wiederholt in unterschiedlicher Lautstärke über ihren mangelnden Zahlungswillen aufgeklärt.

»Ich zahle nichts, gar nichts!«, schallte es erneut durch den Eingangsbereich, nachdem nicht sofort eine Reaktion erfolgte.

»Ist ja gut, wir wollen kein Geld«, entgegnete Hein beschwichtigend, der aufgrund der Örtlichkeit nicht jede Aussage überbewerten wollte.

»Ich zahle nicht!«, brüllte die Dame auch Noah entgegen, als er mit weiteren Informationen aus der BMZ heraustrat. Er stutzte kurz über diese Aussage, konnte sie nicht einordnen und schien seine Prioritäten im Augenblick sowieso völlig anderswo zu setzen.

»Appartement 415, hier im Erdgeschoss, Wohnbereich Franziskus. Ein Rauchmelder in der Wohneinheit und mehrere eingeschlagene Handdruckmelder im angrenzenden Flurbereich haben ausgelöst«, teilte unser Zugführer die gewonnenen Erkenntnisse mit. »Ich habe die Laufkarte. Mir nach. Wir erkunden gemeinsam, gegebenenfalls müssen wir die Alarmstufe erhöhen und den Flur horizontal evakuieren.« Energisch setzte er sich in Bewegung.

Ein sehr schüchtern wirkender Pfleger, der bislang salzsäulengleich in der Ecke gestanden hatte, nahm all seinen Mut zusammen und stellte sich uns in den Weg. »Ich, ich, ich kann das erklären. Eigentlich ist gar nichts passiert, die Dame hat nur gebacken.« Der junge Mann sah ängstlich von einem zum anderen, so als würde er jeden Moment mit einer Ohrfeige rechnen.

»Davon überzeugen wir uns lieber selbst. Beim Backen kann eine Menge passieren!«, erklärte Hein vielsagend, aber bestimmt, und so ließen wir Pfleger und Seniorin zurück, um womöglich Schlimmeres zu verhindern.

»Ich zahle nichts!«, tönte es noch einmal durch den Flur, bevor wir rechts abbogen und schon bald die ersten Handdruckmelder fanden, deren Glas zerbrochen auf dem Boden lag. Gott sei Dank gab es sonst keine Anzeichen für ein Brandereignis, was die Situation etwas entspannte. Die Laufkarte wies uns den Weg, weit konnte es nicht mehr sein.

»403, 405, 407«, zählte Noah laut die Nummern der Wohneinheiten, als er von einer uns entgegenkommenden, mindestens achtzigjährigen Dame unvermittelt am Arm gepackt wurde. Die Gute trug ein kurzärmeliges Nachthemd und wirkte etwas fahrig, obwohl ihr Griff unerwartet fest war. Sie zog Noah zu sich heran, ganz so, als ob sie ihm etwas ins Ohr flüstern wollte.

»Lassen Sie sich niemals die Augen lasern«, warnte sie mit einer gedankenverlorenen, sehr rauchigen Stimme. »Ich sehe jetzt wieder all meine Falten, und vorlesen will mir auch niemand mehr – verdammte Medizin, die Menschen werden zu alt.« Nach diesen Worten ließ sie Noah los und schlurfte langsam weiter über den Flur.

»Bingowings«, entfuhr es Hein mit intuitiver Gedankenlosigkeit und warf bei unserem Zugführer damit nur noch mehr Fragen auf.

Nach einem Moment der inneren Sammlung ging es weiter, 411, 413, 415, da waren wir. Ein Namensschild auf der Tür verwies auf die Bewohnerin, eine Frau Braun, und mit viel Fantasie war sogar so etwas wie Brandgeruch wahrnehmbar.

Der Wohnbereich Franziskus präsentierte sich relativ modern mit großzügigen Fluren in warmen Farben, und auch brandschutztechnisch hatte man sich an die neusten Standards gehalten: Die Türen zu den einzelnen Appartements waren dicht und dick. Mit anderen Worten: Vorsicht war geboten. Auch wenn wir im Flur nicht viel davon mitbekamen, tobte in 415 vielleicht gerade eine Feuersbrunst.

Der Flur war leer, die automatischen Rauchschutztüren geschlossen, ein Schlauch aus einem Wandhydranten ließ sich schnell verlegen, Noah ging in Deckung, ich trat mit Schlauch in Position, und Hein öffnete beherzt die Tür.

Es gab zwar keine Explosion, dennoch traf uns der Schlag. Die altersgerecht ausgestattete kleine Wohnung, die wir betraten, erinnerte an ein Weltkriegsmuseum beziehungsweise eine historische und gleichzeitig illegale Waffensammlung. Fahnen, Gewehre, mehrere Pistolen und Bilder von U-Booten zierten die Wände.

»Ist das ein Torpedo?« Mit diesen Worten fand Noah als Erster die Sprache wieder und deutete auf einen zylindrischen Metallkörper, der apart eine Obstschale schulterte.

»Weiß ich nicht, jedenfalls wurde hier vor Kurzem gebacken«, antwortete Hein und zog angekokeltes, noch warmes Backpapier aus dem Ofen in der Küchenzeile.

»Bei der Dame ist der Name wohl Programm«, kommentierte auch ich meine Beobachtungen und deutete auf einen Teller mit Spritzgebäck. »Entweder sind das hier hinduistische Glückssymbole, oder die gute Frau Braun hat Hakenkreuze gebacken.«

»Ich hoffe, das Zeug an den Wänden ist nicht funktionsfähig. Denn ich fürchte, wir kennen Frau Braun bereits«, ergänzte Hein und deutete auf ein Porträt der Bewohnerin, das frappierend an die Dame im Ohrensessel im Foyer erinnerte.

Noah fabulierte noch etwas von Kampfmittelräumdienst, bevor wir uns einigermaßen verstört auf den Rückweg machten. Wenige Minuten später, zurück im Foyer der Seniorenresidenz angekommen, saß Frau Braun immer noch im Ohrensessel und begrüßte uns erwartungsgemäß mit einem aus Leibeskräften gebrüllten »Ich zahle nichts!«.

Der Pfleger antwortete fast stoisch: »Und Sie zahlen alles. Den Einsatz der Feuerwehr, meine Überstunden und alles andere, was man uns sonst noch in Rechnung stellen wird! Sie zahlen alles.«

Die betagte Verursacherin der ganzen Problematik reagierte süffisant, indem sie ein Liedchen anstimmte:»Wer soll das bezahlen? Wer hat das bestellt? Wer hat so viel Pinkepinke? Wer hat so viel …«

»Wissen Sie eigentlich um den Inhalt aus einem Gespräch zwischen dem französischen General de Gaulle und dem früheren Bundeskanzler Adenauer?«, unterbrach Hein das Ständchen höchst sachlich.

Ich spürte leichtes Unwohlsein in mir aufsteigen, besagt doch ein ungeschriebenes Gesetz bei Feuerwehr und Rettungsdienst, dass in der Kommunikation mit Außenstehenden die Themen Sex, Religion und Politik grundsätzlich zu vermeiden sind.

Statt zu antworten, schaute Frau Braun Hein ausgesprochen herausfordernd ins Gesicht.

»Sinngemäß hat de Gaulle dem Herrn Adenauer erklärt, warum Napoleon damals im Gefecht immer rote Hosen trug«, erklärte Hein.»Der Grund war, dass im Falle einer Verletzung möglicher Blutverlust nicht als Zeichen der Schwäche für den Gegner erkennbar war.«

»Ja, und?«, fragte Frau Braun nun mit bissiger Neugier.

Hein zuckte mit den Schultern.»Der Herr Hitler trug immer braune Hosen«, antwortete er, und mit diesen Worten verließen wir die Einsatzstelle und freuten uns auf den Feierabend. Wir hatten ihn verdient.

Die Natur hat ihre Tücken

Eine unerwartete Begegnung
endet schmerzhaft

Der Sommer hatte begonnen, die Einsatzlage war ruhig. Die Fahrzeuge unserer Rettungswache erstrahlten frisch geputzt in der Morgensonne, und die im Dienst befindlichen Retter warteten auf den ersten Notfall des Tages. Was nach Ruhe und Idylle klingt, war in Wahrheit die Hölle, denn seit mehreren Wochen befand sich unsere Wache in den Händen verschiedener Handwerksbetriebe, die mehr oder weniger professionell versuchten, unseren Sanitärbereich zu renovieren. Was im privaten Bereich maximal zwei bis drei Wochen in Anspruch nimmt, kann kommunal beauftragt leicht acht bis zwölf Monate dauern.

Begonnen hatte das Drama mit einem Abbruchunternehmen, das konsequent die falschen Mauern dem Erdboden gleichmachte, sodass im Anschluss erst einmal ein Subunternehmer gefunden werden musste, der den Wiederaufbau organisierte. Der Fachplaner hatte sich verkalkuliert, was dazu führte, dass zukünftig statt vier nur noch zwei Duschen zur Verfügung stehen sollten. Der Elektriker erkrankte, und in einem Anfall von Ungeduld wurden durch den Fliesenleger die Aussparungen für Lichtschalter und Steckdosen gleich mit verschlossen. Zu allem Überfluss hatte der Bodenbelag die falsche Rutschfestigkeitsklasse (ja, so etwas gibt es!). Und so lärmten (nicht nur) an diesem Morgen Bohrhämmer und das Gefluche polnischer Bauarbeiter um die Wette, um die bisher verbaute Scheiße wieder herauszureißen.

Hein und ich hatten uns aufgeteilt, um dem Lärm zu entfliehen. Meine Wenigkeit war damit beschäftigt, im schallgedämpften Keller Dienstpläne für angehende Notfallsanitäter zu schreiben, während Hein draußen unseren Rettungswagen überprüfte.

Dem morgendlichen Check des Fahrzeugs und der medizinischen Ausrüstung kann gar nicht genug Bedeutung beigemessen werden. Erstens gibt es durch das Medizinproduktegesetz rechtliche Vorschriften, und zweitens glaubt man nicht, was Kollegen nach der Ablösung binnen weniger Stunden aus einem Rettungswagen machen können. Wusste man gestern noch blind, wo jeder einzelne Ausrüstungsgegenstand lag, so hält man am nächsten Tag in der Hoffnung, eine Sauerstoffmaske zu finden, vielleicht einen Amputatbeutel in der Hand, der bei einem luftnötigen Patienten wenig hilfreich ist. Der normalerweise immer gleich eingeräumte Rettungswagen wird von dem einen oder anderen Kollegen nach persönlichen Befindlichkeiten umgeräumt und somit quasi zu einem dreidimensionalen Mullbinden-Memory.

Also überprüfte Hein gewissenhaft das Beatmungsgerät und dessen Alarmgrenzen, den Defibrillator sowie den externen Herzschrittmacher, die Vollständigkeit des Verbrauchsmaterials, die Funktion der Vakuummatratze und vieles mehr. Auch das Verfallsdatum von circa vierzig verschiedenen Notfallmedikamenten darf nicht überschritten werden, und so fand ich Hein konzentriert kleine Glasampullen studierend, als ich ihn mit zwei Tassen Kaffee bewaffnet zu einer kurzen Pause animieren wollte.

»Junge, das glaubst du nicht! Die zwei Typen von der Nacht-schicht haben echt den Vogel abgeschossen. Hier liegt nix mehr, wo es gestern lag. Die Karre sieht aus wie einmal ausgekippt und dann ohne jeden Verstand wieder eingeräumt. Und dann der Überbestand!« Hein warf theatralisch die Arme in die Luft. »Insgesamt vier Liter Hautdesinfektionslösung. Wir sind doch nicht im Seuchenschutzgebiet! Wo haben die seit gestern das Zeug überhaupt her? Siebzig Absaugkatheter – das sind doch keine Strohhalme! Das Stethoskop hab ich beim Verbands-zeug gefunden. Brechbeutel ist kein einziger vorhanden, oder ich habe sie nach fast einer Stunde Überprüfung nur noch nicht gefunden.«

»Schon deine Nerven und reg dich nicht auf! Was zu viel ist, kommt zurück ins Lager, und gut ist. Wir trinken jetzt eine hübsche Tasse Kaffee, und dann helfe ich dir, die Karre wieder auf Vordermann zu bringen.« Ich hatte den Satz kaum beendet, als ein Alarm ertönte.

»Einsatz für den RTW 3-2. Rücktransport eines Patienten in ein heimatnahes Krankenhaus. Das Ganze ohne Sonderrechte«, ertönte es monoton aus dem Hoflautsprecher.

»Nichts für uns!«, stellte ich fest und wollte gerade in den Patientenraum des Rettungswagens einsteigen, um Hein behilf-lich zu sein, als die Kollegen Hermann und Peter herangestürmt kamen.

»Na, wen haben wir denn da!?« Hermanns Kopf erschien in der Tür. »Hein und Jörg! Wollt ihr die Verlegung fahren? Oder anders gefragt: Was treibt ihr beiden hier?«

»Genau! Was treibt ihr beiden hier?«, wiederholte Peter stumpfsinnig.

»Was wir hier treiben? Wonach sieht es denn aus?«, bellte Hein wenig freundlich. »Wir überprüfen diesen fahrbaren Haufen Elend, oder anders gesagt: Wir machen unsere Arbeit! Stände euch auch gut. Ich glaube, auf euch wartet ein Patient. Wie wäre es, wenn ihr eure Kadaver endlich vom Hof macht!« Mit ausgestrecktem Arm deutete er auf einen baugleichen RTW, der ungefähr zwanzig Meter entfernt parkte.

»Wie weit seid ihr denn mit der Überprüfung?«, fragte Hermann auf eine merkwürdig neugierige Art.

»Hein ist schon über eine Stunde dran. Die Nachtschicht hat uns wohl ein paar Eier ins Nest gelegt, wenn du verstehst, was ich meine«, antwortete ich.

»Ich weiß genau, was du meinst. Und ich denke, sogar Peter weiß genau, was du meinst. Ihr zwei Blitzbirnen überprüft nämlich das falsche Auto. Und bevor du fragst, Hein, ja, ich bin mir sicher! Die Schramme hier an der Seite habe ich vor ein paar Tagen höchstpersönlich in den Lack gerammt. Peter und ich besetzen genau diesen Rettungswagen seit fast einem Monat – und wenn du es nicht glaubst, können wir gern noch einen Blick ins Fahrtenbuch werfen«, resümierte Hermann leicht überheblich.

Hein erstarrte. Ihn und Hermann verband seit Langem eine gewisse Hassliebe, wobei die Betonung in diesem Fall eher auf Hass gelegt werden darf. Sollte Hein tatsächlich irrtümlich Hermanns RTW seit über einer Stunde überprüft haben, so würde ihn das Jahre seines Lebens kosten.

»Ich schlage vor, ihr kommt jetzt eurer Pflicht nach und überprüft euren eigenen Rettungswagen. Peter und ich würden uns jetzt gern vom Hof machen. Auf uns wartet schließlich ein

Patient – aber vielen Dank für eure Mühe!« Hermann grinste breit.

Ohne ihn eines Blickes zu würdigen, verließ Hein das Fahrzeug und stakste auf den anderen Rettungswagen zu. Ich kannte ihn lange genug, um zu wissen, dass ihn innerlich ein Erdbeben von mindestens Stärke sieben auf der Richterskala schüttelte. Unauffällig folgte ich ihm.

Peters sprödes »Der Hein ist ja so doof, der sortiert das falsche Auto« begleitete uns auf unserem Weg.

Nachdem wir mindestens eine Viertelstunde wortlos nebeneinandergesessen hatten, Hein auf dem Fahrer-, ich auf dem Beifahrersitz, versuchte ich, meinen Lieblingskollegen wiederaufzubauen.

»Hein ... Hein! Rettungswagen sehen fast alle gleich aus, das kann doch mal vorkommen, da kann man sich doch schon mal ...« Ein leichtes Neigen seines Kopfes ließ mich verstummen.

Wieder vergingen Minuten, bis Hein sich zu einer Antwort durchrang. »Das kann passieren. Aber das darf nicht passieren! Erst recht nicht mit Hermann! Das wird der mich noch jahrelang spüren lassen. Ich werde zum Gespött der ganzen Wache. Ich kann es schon hören: ›Hein, da ist noch ein Fahrzeug zu überprüfen ...!‹ Das wird mir ewig nachlaufen. Ausgerechnet Hermann, dieser Arsch. Und eigentlich hat er sogar recht. Wer über eine Stunde lang den falschen Rettungswagen überprüft, ist entweder reif für die Rente oder gehört behandelt.«

»Jetzt mach aber mal 'nen Punkt! Das ist doch so ähnlich, als würde man aus der falschen Tasse trinken. Das ist jedem schon mal passiert. Apropos: Unser Kaffee ist inzwischen kalt – was hältst du von weg von der Wache? Wir drehen eine Runde durch den Wachbezirk und gönnen uns ein frisches Tässchen im Café Journal?«

Hein nickte. »Ja, nix wie weg hier!«

Keine zehn Minuten später war unser Rettungswagen strategisch günstig im Wachbezirk abgestellt, und Hein und ich hielten, in Rufweite des Funkgerätes, den besten Kaffee der Stadt in den Händen.

»Flüssiges schwarzes Gold!«, frohlockte mein Kollege, dessen Laune sich außerhalb der Wache spürbar aufhellte.

»Rohöl?«, fragte ich provozierend, aber Hein hatte keine Lust auf verbale Spitzfindigkeiten und ließ meine einsilbige Frage unkommentiert. Stattdessen genoss er die Aussicht auf die vor uns liegende Gastronomie. Hier gab es immer etwas zu bestaunen. Das Café Journal ist ein Refugium für Männer, die es im Leben geschafft haben. Protzereien sind hier fehl am Platz, hier ist solides Understatement Trumpf. Statussymbol ist die Zeit, die man hier verbringt, denn wer kann es sich schon erlauben, morgens um halb zehn das erste Bier zu trinken?

»Keine Termine und leicht einen sitzen!« Dieses das Glück als solches beschreibende Zitat von Harald Juhnke wird hier tagtäglich zelebriert. Generationsübergreifend diskutiert man im Journal die Inhalte der tagesaktuellen Boulevardpresse beziehungsweise ermittelt den Ifo-Index des kleinen Mannes. Die Auswirkungen des VW-Skandals thematisierte man hier genauso ernsthaft wie den Beziehungsstatus der Lombardis.

Der unterhaltsamste Höhepunkt des Cafés ist aber die in direkter Nachbarschaft liegende Videothek. Waren diese Läden in den 80er- und 90er-Jahren wahre Goldgruben, so darf ihre Daseinsberechtigung in Zeiten des World Wide Web mit voller

Berechtigung in Zweifel gezogen werden. Außer einer Handvoll mit dem Internet nicht zurechtkommender Rentner hat normalerweise niemand mehr Bedarf an erotischen Kurzfilmen auf Blu-Ray oder gar DVD.

Hein und ich genossen also das Schauspiel des Alltags, als uns ein Alarm über Funk davon abhielt, den nächsten vorbeieilenden Hochbetagten als Konsumenten der Pornoindustrie zu entlarven.

»Einsatz für den RTW 3-1. Internistischer Notfall im Naherholungsgebiet Marienwald. Irgendwo zwischen Kahnweiher und angrenzender Bundesstraße«, tönte eine Stimme aus dem Funklautsprecher. Hein bestätigte den Alarm, während zeitgleich unsere Funkmeldeempfänger piepsten und die Einsatzdetails in Textform übermittelten.

»Kahnweiher? Ich hoffe, du hast eine Ahnung, wo der liegt«, musste ich gestehen. »Ich war da noch nie! Wo sind denn alle anderen? Das ist doch gar nicht unser Bezirk.«

Hein antwortete seelenruhig: »Mach dir keinen Kopf, die grobe Richtung kriege ich sogar ohne Navi hin. Ich war da vor Jahren mal angeln. Das Ding ist lang und groß, und es gibt mehrere Parkplätze. Ich schlage vor, wir fangen mit dem an, der der Bundesstraße am nächsten liegt. Vielleicht hat unser Patient ja Glück.«

Wir brausten los, doch trotz Heins selbstbewusster Worte hatte ich kein gutes Gefühl. Nicht genau zu wissen, wo ich hinsoll, macht mich nervös, und die vage Ortsangabe des Disponenten ließ mich unruhig zum antiquierten Stadtplan greifen, der immer noch zur Standardausrüstung eines jeden Rettungswagens gehört, da man in die wenigsten Navis Beschreibungen wie »irgendwo am Kahnweiher« eingeben kann.

Grundsätzlich mag ich Stadtpläne, aber immer wenn man auf einer Karte etwas sucht, ist die Schrift zu klein, die Augen zu schlecht, oder es wird auf eine Folgeseite verwiesen. Dann verwechselt man die Angabe der Folgeseite mit der eigentlichen Seitenzahl, nur um irgendwann festzustellen, dass dieses Kartenblatt den Stadtplan bereits zu großen Teilen unfreiwillig verlassen hat. Der noch vorhandene Schnipsel beinhaltet selbstverständlich nicht die Informationen, die man braucht, und so gibt es Legenden von Kollegen, die im Rahmen eines kleinen Wutanfalls die Überreste des Stadtplans bei voller Fahrt aus dem Fenster geschleudert haben sollen.

Wir hatten uns inzwischen mit Blaulicht und Martinshorn aus dem Stadtkern herausmanövriert, als Hein das Gaspedal an seine maximale Belastungsgrenze brachte.

»Ist zwar nicht unser Bezirk, aber wäre doch gelacht, wenn wir die Hilfsfrist nicht trotzdem einhalten!«, rief er hoch motiviert. Er hatte wohl das Gefühl, etwas gutmachen zu müssen.

Unter »Hilfsfrist« versteht man die Vorgabe für den Zeitraum vom Eingang eines Notrufs in der Leitstelle bis zum Eintreffen des Rettungsdienstes am Notfallort. Zwischen den einzelnen Bundesländern bestehen zwar kleine Unterschiede, das Prinzip ist jedoch überall das gleiche. Für Hein und mich bedeutete das: Innerhalb von höchstens acht Minuten sollten wir unseren Patienten erreichen.

Wenn es nach mir ginge, gäbe es so was wie eine Hilfsfrist übrigens auch in anderen Lebensbereichen. Zum Beispiel in Postfilialen! Hat der Paketzusteller den ersten und einzigen Zustellversuch vergeigt (obwohl man zu Hause war!), steht man mit seiner Abholkarte normalerweise in der Warteschlange, bis man alt und grau ist. Besser: Nach Betreten der Postfiliale muss mir nach spätestens acht Minuten mein Paket übergeben werden – das wäre was! Und wenn ich so darüber nachdenke: Die Möglichkeiten für Hilfsfristen sind vielfältig.

Inzwischen konnte es bis zu unserem Zielort nicht mehr weit sein. Die immer ländlichere Umgebung ließ Hein immer schneller an uns vorüberrauschen. Die Bäume einer Allee flogen nur so an uns vorbei, als mein Kollege, von heftigem Niesen geschüttelt, unseren Rettungswagen um Haaresbreite mit einer jungen Eiche fusionierte.

»Heuschnupfen, verdammte Natur!«, brachte Hein schnäuzend hervor, während ich prüfte, ob meine Hose noch sauber war. Eine weitere Minute musste ich noch überleben, bis unser Fahrzeug auf einem vollkommen überfüllten Parkplatz zum Stehen kam. Wir sprangen aus dem Wagen und sahen uns um. Von einem Patienten war weit und breit nichts zu sehen, aber das wäre ja auch zu schön gewesen.

Hein ließ seinen Blick ein zweites Mal schweifen. Gut möglich, dass sich jemand auf dem Parkplatz bemerkbar machte und wir es nur noch nicht wahrgenommen hatten, denn hier herrschte reges Treiben. Ankommende Erholungssuchende duellierten sich um frei werdende Parkplätze, Abreisende versuchten genervt, dem Chaos zu entkommen. Mit Strandbeutel, Kühltasche und plärrenden Kindern bepackte Mütter zogen Gesichter, als zögen sie eine zweite Kühltasche dem Nachwuchs in jedem Fall vor.

»Haben Sie hier in der Umgebung jemanden gesehen, der rettungsdienstliche Hilfe benötigt?«, wandte ich mich an verschiedene Passanten. Doch statt sachdienlicher Antworten erhielt ich zweimal die Belehrung, dass unser Fahrzeug im Weg stehe und dass die besoffenen Russen hier meist erst ab sechzehn Uhr ertränken.

Hilfe kam schließlich von unerwarteter Seite. Hein hatte einen ortskundigen Flaschensammler ausfindig gemacht, der zu berichten wusste, dass keinen halben Kilometer von hier entfernt ein älterer Herr in der Obhut einer Ersthelferin auf uns wartete.

»Ungefähr da, wo der See endet und die Felder beginnen. Dann an der Abbiegung links und dann noch hundert Meter, da stand früher mal eine Mülltonne, die ist schon lange weg, aber die Leute werfen dort immer noch alles hin. Da mache ich oft reiche Beute. Schwerer Herzinfarkt, wenn Sie mich fragen, aber mich fragt ja keiner.«

Hein bedankte sich bei dem Pfandjäger mit zwei leeren PET-Flaschen, die noch von der Nachtschicht im Seitenfach der Fahrertür steckten, und kommandierte in meine Richtung: »Stellungswechsel!«, womit er keine erotische Abwechslung meinte, sondern das Fortbewegen unseres Fahrzeugs.

Wir eilten zurück zum RTW und verließen unter dankbaren Blicken der Bevölkerung die vermeintliche Einsatzstelle. Keine zwei Minuten später trafen wir, die Hilfsfrist leicht überschreitend, auf unseren Patienten.

Als Hein ausstieg, wurde er erneut von heftigem Niesen gebeutelt, sodass es an mir war, mir einen ersten Eindruck zu verschaffen und uns beim Patienten und der Ersthelferin vorzustellen. Doch so weit kam ich gar nicht.

»Können Sie mir mal sagen, wo Sie bleiben?«, zeterte eine blonde Mittdreißigerin in brandneuen rosa Laufschuhen. »Ich habe Termine! Wozu haben Sie eigentlich blaue Lampen auf dem Dach? Ich habe ein enges Zeitfenster für meinen Sport, und das Ganze hier bringt meine Work-Life-Balance durcheinander! Wenn ich mich nicht beeile, bin ich hier die Nächste mit einem Herzinfarkt!«

Hein hatte seine Heuschnupfenattacke überwunden und antwortete, wie nur er es in solchen Situationen vermag:»Oh, entschuldigen Sie bitte. Wenn wir gewusst hätten, dann hätten wir natürlich, aber so – ich glaube, Ihr Schrittzähler wird kalt. Vielen Dank für Ihre Hilfe. Wir kommen dann ab jetzt allein zurecht!«

Verdutzt und mit leicht offenem Mund stand die Dame da. Heins Ansprache wirkte wohl noch etwas nach, als sie begann, auf der Stelle zu traben, und ein entrüstetes»Unverschämtheit!« zischte. Die Gute lief davon und ward nicht mehr gesehen. Allgemeine Erleichterung machte sich breit, und sogar unser Patient atmete deutlich hörbar auf.

»Schon besser?«, fragte ich den auf dem Boden sitzenden Herrn.

»Auf jeden Fall nicht schlechter!«, antwortete er mit einem kurzen Lächeln im sonst eher leidenden Gesicht.

Hein war derweil in die Hocke gegangen, um sich auf Augenhöhe mit dem akut Erkrankten zu unterhalten.»Erzählen Sie mal ganz in Ruhe. Warum sind wir hier? Wo tut es weh? Und wie war doch gleich Ihr Name?«

»Ich heiße Armin Lindemann und habe fürchterliche Schmerzen in der Brust!«, erwiderte unser Patient knapp.

»Gut, äh, ich meine, nicht gut. Schmerzen in der Brust sind nicht gut. Hatten Sie solche Schmerzen schon einmal? Oder gibt es Vorerkrankungen in dieser Richtung?«

»Das kann man so sagen, aber jetzt fragen Sie mich nicht nach Fachbegriffen. Meine Hausärztin sagt immer ›Haarscharf am Herzinfarkt vorbei!‹ und mein Gefäßsystem dürfe man eigentlich gar nicht mehr als solches bezeichnen. Ich hab da so ein rotes Sprühfläschchen, das soll ich benutzen, wenn Brustschmerzen auftreten, aber das habe ich nie dabei, wenn ich Sport treibe.«

Während Herr Lindemann bereitwillig Auskunft gab, verkabelte ich ihn mit Sensoren, Manschetten und Elektroden, schloss alle Kabel an entsprechende Geräte an und wartete auf Messwerte.

»Sporttreiben bei diesem warmen Wetter und Ihren Vorerkrankungen ist aber auch so eine Sache ...«, begann Hein.

»Ja, aber medizinisch verordnet! Meine Hausärztin hat mir zu mehr Bewegung geraten. Die hat mich in so eine Herzsportgruppe gesteckt, da gehe ich allerdings nicht mehr hin. Die Hälfte von dem Ensemble riecht nach Pipi. Außerdem bin ich da nicht mal ansatzweise ins Schwitzen gekommen. Stattdessen mache ich jetzt Triathlon!«, erklärte Herr Lindemann mit einem gewissen Stolz in der Stimme.

»Triathlon? Sind Sie wahnsinnig? Wollen Sie sich umbringen?«, ereiferte sich Hein. »Da reden wir ja über Distanzen, bei denen ich sogar mit dem Auto eine Pause mache.«

»Sauerstoffsättigung bei 97 Prozent, Blutdruck 154/89 mmHg, Puls 115 pro Minute, auf den ersten Blick keine Hinweise auf einen Herzinfarkt erkennbar«, unterbrach ich das Gespräch mit medizinischen Fakten.

Hein nickte zum Zeichen, dass er mich verstanden hatte, bevor er sich wieder an unseren Patienten wandte. »Also noch mal, nur damit ich Sie richtig verstanden habe – statt Herzsport-gruppe machen Sie lieber Triathlon?«

Herr Lindemann zuckte mit den Schultern. »Zugegeben, ich schaffe nicht die kompletten Distanzen, ich absolviere eher so meine eigene Miniversion. Schwimmen lasse ich ganz weg und mache mich hier im Weiher höchstens mal frisch. Das Problem ist aber nicht der Sport, glauben Sie mir. Das Problem war der beschissene Fasan!«

»Versteht sich von selbst, fettiges Essen ist natürlich auch nicht von Vorteil bei Ihrer gesundheitlichen Verfassung«, warf ich altklug ein.

»Ich habe den Fasan nicht gegessen«, stellte Herr Linde-mann richtig. »Ich habe dem Tier quasi auf den Kopf gepisst.«

Es entstand eine Pause.

»Sie haben was?!«, entfuhr es Hein und mir dann gleichzeitig.

»Ich musste pinkeln. Viel trinken ist ja wichtig beim Sport. Und hier im Feld kann man sich ja wohl mal ungestört erleich-tern, dachte ich mir. Also hab ich mein bestes Stück aus der Turnhose gekramt und da drüben hingepullert.« Unser Patient deutete auf eine wenige Meter entfernte Stelle. »Und plötzlich hob dieses Vieh direkt vor mir ab! Ich meine, ich kann das ja ver-stehen, ich würde auch nicht ruhig im Feld liegen bleiben, wenn mich jemand anpinkelt. Kennen Sie die Geräuschkulisse, wenn ein Fasan angepisst losfliegt? Ich habe mich im wahrsten Sinne des Wortes zu Tode erschrocken!«

»Das erklärt einiges«, brummte Hein lapidar und leitete sodann unsere präklinische Therapie ein. »Fürs Erste leihen wir Ihnen unser rotes Sprühfläschchen, und dann schauen wir mal, ob sich die Schmerzen bessern.«

»Für mich klingt das Ganze logisch«, versuchte ich, Heins Einlassungen medizinisch genauer zu beschreiben. »Kardiale Vorerkrankung, körperliche Belastung und dazu noch unerwarteter Stress – das kann schon mal zu Herzschmerzen oder, wie der Fachmann sagt, pektanginösen Beschwerden führen.«

»Abgesehen von plötzlich startenden Fasanen – haben Sie sonst noch Stress, dem Sie ausgesetzt sind?«, eruierte Hein weiter.

»Nein, ich bin Rentner.«

»Auch Rentner haben manchmal Stress. Was haben Sie denn früher beruflich gemacht?«, fragte ich interessiert.

»Was mit Medien«, lautete die knappe Antwort unseres Patienten. Wer wollte es ihm verdenken? Von Brustschmerzen gequält, mit wirklich übel schmeckendem Nitrospray aus dem berühmten roten Sprühfläschchen im Mund wäre ich auch nicht gerade gesprächig.

Hein bohrte dennoch nach: »Was denn mit Medien? Chefredakteur der Lokalzeitung? Kameramann? Webdesigner? Geht es ein bisschen genauer?«

Herr Lindemann seufzte, bevor er Hein in die Augen sah und erwiderte: »Dreißig Jahre lang habe ich Pornos synchronisiert – genau genug für Sie?«

Und da war er wieder, dieser Moment, in dem ich meinen Beruf so liebe. Man trifft einfach unerwartet auf extrem interessante Menschen. Was mag dieser Mann in seinem Berufsleben nicht alles gesehen haben? Viele von uns hätten allein davon einen Herzinfarkt erlitten.

»Waren Sie vielleicht schon mal im Café Journal zu Gast oder hatten in der Nachbarschaft dort zu tun?«, fragte Hein.

Während Herr Lindemann uns die Antwort schuldig blieb, tat das Zeug aus dem roten Sprühfläschchen seine Wirkung. Die Schmerzen bei unserem Patienten ließen deutlich nach. Die Fahrt zum Krankenhaus zwecks weiterer Untersuchungen verlief ohne Zwischenfälle. Nicht einmal ein Fasan zeigte sich am Wegesrand.

Nichts sehen – nichts hören – nichts sagen

Wenn das System versagt

Nachdem ein wirklich mächtiger Blitz in der näheren Umgebung eingeschlagen war, konnte man förmlich spüren, wie die gesamte Atmosphäre mit Energie aufgeladen war. Der nur Sekundenbruchteile später folgende Donner ordnete die Knochen neu und war so laut, dass ich nichts von dem verstand, was Hein von sich gab.

Mein Lieblingskollege war begeistert. Hein liebt Gewitter! Auch Sturm und sonstiges extremes Wetter begeistern ihn, und daher gönnten wir uns einen Moment Auszeit, bevor wir uns wieder über Funk einsatzbereit melden würden.

»Du musst eh noch das Fahrtenbuch schreiben. So lange darf ich doch zuschauen«, bettelte Hein fast kindlich flehend, gerade so, als wolle er vor dem Zubettgehen noch eine Viertelstunde fernsehen.

Da standen wir also in der Fahrzeughalle der Krankenhausambulanz, und während ich Einsatzorte und Uhrzeiten notierte, verfolgte Hein selig das meteorologische Phänomen samt Wolkenbruch und gelegentlichem Hagelschlag. Ein Krankenpfleger, der offensichtlich Feierabend hatte, gesellte sich mit seinem Fahrrad dazu und legte wetterfeste Kleidung an, die er aus einem Rucksack hervorkramte.

»Sie wollen da jetzt aber nicht mit Ihrem Drahtesel durch das Gewitter fahren, oder?«, erkundigte sich Hein argwöhnisch. »Warum denn nicht? Ich habe doch Gummireifen, da kann doch nix passieren«, antwortete der junge Mann, der mit dem zeltförmigen Cape, das nicht nur ihn, sondern auch sein Fahrrad komplett verhüllte, inzwischen einem Expeditionsteilnehmer glich.

»Sind Sie lebensmüde? Es heißt ›faradayscher‹ und nicht ›fahrradyscher‹ Käfig«, rief Hein ihm hinterher, während der Kerl mehr als leichtsinnig den nassen Heimweg antrat. Hein schüttelte den Kopf. »Den haben wir doch bestimmt gleich von ungefähr einem Gigajoule gegrillt auf der Trage«, orakelte er, was ich nur achselzuckend zur Kenntnis nahm.

Nach einer längeren Gesprächspause entfuhr mir noch ein teilnahmsloses »Der Herr hat's gegeben, der Herr hat's genommen«, als sich die Leitstelle auch schon über Funk an uns wandte.

»RTW 3-1, Sie sind einsatzbereit im Kreuzherren-Krankenhaus?«, krächzte es aus dem Funkgerät.

»Siehst du, da ist es schon passiert!«, entfuhr es Hein, während ich mit »Ja! Sind wir« antwortete.

Hein sollte enttäuscht werden. Die Leitstelle schickte uns nicht zu einem durch Blitzschlag verunglückten Verkehrsteilnehmer mit Fahrrad, sondern zu einem unklaren Notfall in eine nahe gelegene Arztpraxis. Nichts Dramatisches, Näheres sollten wir vor Ort erfahren.

»Praxis Dr. Körver – Hautarzt« stand auf einem weiß emaillierten Schild in der Kirchstraße 67 zu lesen, und nur eine schwere, angelehnte Türe aus Buchenholz trennte uns noch von den Praxisräumen und der größten Herausforderung des heutigen Tages.

Hein und ich traten ein und befanden uns augenblicklich in einer anderen Welt. Alles war weiß! Ich meine: wirklich alles! Licht, Möbel, Bodenbelag, Türen, Blumen, Computer, Ordner, Kugelschreiber, die Kleidung der Angestellten: alles weiß. Bei längerem Aufenthalt hätte man schneeblind werden können. Nachdem sich unsere Augen an die gleißende Umgebung gewöhnt hatten, brachte Hein ein »Wie können wir Ihnen helfen?« heraus.

»So genau weiß ich das auch nicht«, antwortete eine ebenfalls ganz in Weiß gewandete Arzthelferin, deren Namensschild sie als »Schwester Esther« auswies. »Wir haben da einen Herrn im Wartezimmer, der irgendwie nicht in unsere Zuständigkeit fällt.«

»Na super!«, murmelte ich Böses ahnend in mich hinein.

Alarmierungen des Rettungsdienstes durch Hautärzte sind eher selten, die Fachrichtung gibt einfach kaum akut bedrohliche Situationen her. Akne, Neurodermitis, Warzen oder Leberflecke sind Gott sei Dank noch nicht im Einsatzspektrum der 112 angekommen, und so dachte ich eher über die Tatsache nach, dass Uhr und Kalender 15.45 Uhr an einem Freitag anzeigten und die Praxis um 16.00 Uhr schließen sollte.

»So, da sind wir auch schon«, entfuhr es Esther melodisch, als sie die selbstverständlich weiße Tür zum Wartezimmer öffnete und endlich so etwas wie ein Farbklecks erkennbar war – ein älterer Herr, der offensichtlich dermatologisch gesund zu sein schien.

»Ich hole dann mal Dr. Körver, falls Sie noch Fragen haben.« Mit diesen Worten entschwand die medizinische Fachangestellte und ließ Hein und mich mit unserem vermeintlichen Patienten allein.

Auf einem weißen Lederstuhl saß ein geschätzter Mittsiebziger. Der Herr war durchaus gepflegt, aber dennoch irgendwie unordentlich beziehungsweise unpassend gekleidet. Viel zu teure handgenähte braune Schuhe bildeten die Basis, über der eine einfache graue Jeans die Beine heraufwuchs. Ein weinroter Pullunder bedeckte den Torso oberhalb der Gürtellinie, und daraus entsprangen grünlich karierte Arme und ein ebenso gefärbter Kragen. Die kurzen Haare waren grau, die Gesichtsfarbe etwas blass, aber nicht ungesund, und ein paar den gelebten Jahren entsprechende Altersflecken zierten die Haut.

Ein wacher, aber suchender Blick erkundete den Raum, denn offensichtlich hatte sich durch unser Eintreten etwas verändert. »Hallo? Ich heiße Erhard Müller. Da ist doch jemand, oder?«, fragte der Herr ziellos in den Raum.

»Ja«, antwortete ich. »Wir sind vom hiesigen Rettungsdienst. Können wir Ihnen helfen?«

»Mmh, ich hätte schwören können, dass da jemand ist«, sprach der Herr halblaut zu sich selbst, bevor er an Körperspannung verlor und in den Sessel zurücksackte.

In diesem Moment stürmte Dr. Körver herein. »Schön, dass Sie kommen konnten!«

»Hatten wir eine Wahl?«, fragte Hein etwas zu frech, was der Herr Doktor professionell ignorierte.

Dr. Körver werde ich übrigens nie mehr vergessen, selbst wenn ich ihn beim damaligen Einsatz zum ersten und letzten Mal in meinem Leben gesehen hätte. Der Dermatologe war dem Schauspieler Sascha Hehn wie aus dem Gesicht geschnitten, und wahrscheinlich würde er um Punkt 16.00 Uhr in sein Ca-

brio springen und zum Tennisklub fahren. Fast hätte ich ihn mit
Dr. Udo Brinkmann angesprochen ...

»Das ist der Herr Müller ...«, begann der Hautarzt, wurde
aber erneut in seinen Ausführungen unterbrochen.

»Wissen wir. Der Herr hat sich bereits selbst vorgestellt«,
meinte Hein leicht provokativ. Irgendwie schien er den Hautarzt
nicht zu mögen.

Der zuckte mit den Schultern. »Sei's drum. Nun zur Gemen-
gelage – kurz gesagt: Ich weiß nicht, wie, weshalb und warum
der Herr Müller hier ist. Der Gute hat keine Papiere bei sich,
er ist kein Patient von mir, und auch beim Internisten gegenüber kennt man ihn nicht. Ehrlich gesagt, bis vor einer Stunde
ist er uns nicht mal aufgefallen. Das Wartezimmer war den ganzen Tag bumsvoll, und am Ende ist er übergeblieben. Und da
sind wir auch schon am Punkt. Wir schließen gleich, und auch
wenn mir persönlich der Herr Müller sehr sympathisch ist – hier
kann er schlecht bleiben. Mit nach Hause nehmen kann ich ihn
genauso wenig, meine Frau motzt dann immer. Haha. Äh. Ja.«
Dr. Körver steckte die Hände in die Hosentaschen und warf uns
einen erwartungsvollen Blick zu.

»Und da dachten Sie, der Rettungsdienst sei die Lösung?«
Ungläubig starrte ich zurück.

»Genau, meine Affä... meine Arzthelferin Esther, die hat
Bücher über den Rettungsdienst gelesen. Troubleshooter, Lebens-
retter, Alltagshelden. Ich sag nur: Wer, wenn nicht Sie, und wenn
nicht jetzt, wann dann? Herr Müller gehört ganz Ihnen. Ach ja,
ein wenig Medizin haben wir auch schon gemacht. Puls, Blutdruck und Blutzucker sind in Ordnung, die Esther hat es echt
drauf, verstehen Sie? Dass der Herr Müller nicht so gut sieht und

auch ein bisschen schlecht hört, haben Sie ja sicherlich selbst schon bemerkt«, erklärte der Fachmann für das größte Organ des Menschen mit laissez fairer Spitzfindigkeit. »Ich bin dann mal weg!«

Auch Esther schaute bereits auf die Uhr.

Was blieb uns übrig, als uns den Tatsachen zu stellen? Hein übernahm den direkten Patientenkontakt. Er setzte sich neben Herrn Müller, nahm behutsam seine Hand und sprach ihn laut und deutlich an: »Hallo, Herr Müller, wir sind Mitarbeiter des Rettungsdienstes. Warum sind Sie zum Arzt gegangen? Und wie sind Sie hierhergekommen?«

Wirkliche Erkenntnisse gewann Hein zunächst nicht. Auch wenn der körperliche Kontakt vertrauensvolle Brücken baute, blieb die Kommunikation vorläufig von der Suche nach einer gemeinsamen Ebene geprägt. Hein wiederholte sich mehrmals, bei jeder neuen Runde die Lautstärke anhebend, dann wechselte er in eine sehr eigene Form der Gebärdensprache, und am Ende schrie und gestikulierte er gleichzeitig.

Im Gegensatz zu Esther war Herr Müller von alldem wenig bis gar nicht beeindruckt. Zwar hielt er per dauerhaftem Handschlag die Verbindung zu Hein aufrecht, bis auf leicht wechselnde Mimik und gelegentliches Achselzucken war jedoch keine brauchbare Kontaktaufnahme erkennbar.

Einsätze wie diese sind vielleicht die größte Herausforderung im Rettungsdienst überhaupt. Für alles Mögliche gibt es sogenannte Standardarbeitsanweisungen (SAA): Vom Herzinfarkt über Schlaganfall bis hin zum chirurgischen Polytrauma ist alles geregelt. Bei den sogenannten zwischenmenschlichen Notfällen allerdings ist guter Rat oft teuer.

Wohin mit Patienten, die zwar seit Langem körperlich eingeschränkt, aber ansonsten gesund sind? Zwischen Freitagnachmittag und Montagmorgen fehlt es dem Rettungsdienst oft an geeigneten Ansprechpartnern, und in einem hatte Dr. Körver recht: Mit zur Wache oder mit nach Hause nehmen konnten wir Herrn Müller ebenfalls nicht.

Hoffnung liegt in der völlig neu konzipierten Ausbildung zum Notfallsanitäter. Seit ein paar Jahren werden unsere Azubis nicht nur in rein medizinischen Notfallsituationen, sondern auch in sozialem Umgang mit Patienten geschult. Allerdings herrschen berechtigte Zweifel, ob die ein oder andere Schnittstelle sich der zukünftigen Zusammenarbeit mit dem Rettungsdienst überhaupt bewusst ist. Na ja, wir werden sehen, und wir werden uns kennenlernen.

Die Alternativen, die schlussendlich übrig bleiben, liegen irgendwo zwischen Polizei und Krankenhaus. Da jedoch auch der Freund und Helfer ohne Personalpapiere schnell auf dem Bauch liegt und unser Patient zumindest selbstständig eine Arztpraxis aufgesucht und somit offensichtlich um medizinische Hilfe ersucht hatte, entschieden Hein und ich uns fürs Krankenhaus als geeignete Anlaufstelle.

Als wir Herrn Müller mit sanftem, aber entschiedenem Griff am Oberarm aus der Praxis führten, winkte Esther zum Abschied.

Weil wir uns auf die erhobenen Vitalwerte nicht abschließend verlassen wollten und sich die Dinge ja auch dynamisch verändern können, musste Herr Müller im Rettungswagen angekommen die Wiederholung der ein oder anderen Untersuchung über sich ergehen lassen. Der Vollständigkeit

79

halber schrieb Hein sogar noch ein EKG, aber auch das war unauffällig.

Herr Müller indes schien die Aufmerksamkeit auf seine Weise zu genießen. Während Hein jede seiner Maßnahmen erklärte, bevor er sie durchführte, zuckte unser Patient jedes Mal nur mit den Schultern. Da sich Herr Müller jedoch auch nicht im Geringsten ablehnend verhielt, gingen wir von seiner mutmaßlichen Zustimmung aus.

»Gib mir noch einen Moment. Ich schaue mal kurz in die Jackentaschen, wäre doch gelacht, wenn wir nicht doch etwas mehr über Herrn Müller in Erfahrung bringen können«, meinte Hein hoffnungsvoll, förderte allerdings außer einer nicht mehr lesbaren Taxiquittung und diversen Hustenbonbons nichts zutage.

Meinen Kollegen packte der Ehrgeiz. Auf einem DIN-A4-Blatt schrieb er Fragen auf, die er langsam und sehr laut vorlas. »Herr Müller, wo wohnen Sie? Wie können wir Ihnen helfen?« Seine ambitionierten Versuche blieben aber leider alle ohne Erfolg.

Wobei die Aussage so nicht ganz richtig ist. Herr Müller bemerkte durchaus, dass wir ihm Fragen stellten.

»Ich verstehe Sie leider nicht«, antwortete er irgendwann auf unsere Bemühungen, was zwar einen Quantensprung in der gemeinsamen Kommunikation darstellte, uns in der Bewältigung der Gesamtproblematik jedoch nicht weiterbrachte. Zumindest wussten wir nun – Herr Müller konnte, wenn er wollte, in ganzen Sätzen sprechen.

Es folgte eine kurze Diskussion, ob die Einbeziehung der Polizei Sinn ergab, am Ende entschieden wir uns dagegen.

Der Gedanke war folgender: Herr Müller schien so gut wie blind zu sein, das Hörvermögen war ebenfalls massiv beeinträchtigt, und als redselig konnte man ihn schon gar nicht beschreiben. So jemand hat meist keinen großen Radius, in dem er sich bewegt, aber die Wahrscheinlichkeit, dass man ihn im nahe gelegenen Kreuzherren-Krankenhaus kannte, war relativ hoch. Letztendlich würde der Einsatzerfolg davon abhängen, ob wir im Spital auf die »richtige« Schwester trafen. Falls nein, würden wir so oder so die Polizei rufen müssen.

Als wir wenig später mit Herrn Müller im Schlepptau durch die Eingangstür der Notaufnahme traten, hatten wir quasi einen Sechser im Lotto. Oberschwester Karin höchstpersönlich kam uns entgegen. Die Gute hatte zwar fast immer schlechte Laune, weil sie grundsätzlich fürchterlich fror, Patienten gegenüber war sie jedoch empathisch und besaß ein großes Herz.

Nach erfolgter Übergabe hatte sie gleich zwei gute Ideen. »Ich informiere Frau von Helden und Frau Schuermann vom Sozialdienst. Die beiden werden ein paar Minuten brauchen, aber eine Lösung finden, und in der Zwischenzeit suchen wir mal in unserer Brillenkiste nach einer Sehhilfe, die jemand anders hier vergessen hat. Vielleicht ist ja was Passendes dabei.«

Es vergingen ein paar Minuten, die Hein nutzte, um auf einem am Empfang stibitzten Druckerpapier die alles entscheidende Frage zu formulieren. In übergroßen Buchstaben stand dort zu lesen: WAS FEHLT IHNEN?

Die Brillen, mit denen Karin zurückkehrte, erinnerten an Glasbausteine aus dem Fassadenbau, doch bereits beim ersten Versuch konnte Erfolg vermeldet werden. Nachdem Herr

Müller Heins Fragestellung intensiv studiert hatte, verkündete er bedeutungsvoll: »Ich habe keinen Fernseher!«

Wir waren am Ende unserer Möglichkeiten. Der Sozialdienst des Krankenhauses würde sich kümmern müssen. Dr. Körver hätte wohl besser einen Elektrofachhändler gerufen.

Mit 66 Jahren ...

... da fängt das Leben an

Ich würde mich als glücklichen Menschen bezeichnen. Ein Grund für diese Sichtweise ist die Tatsache, dass ich mir den Blick für die positiven Kleinigkeiten im Leben bewahrt habe. Das morgendliche Erwachen einer Blüte, der hektische, aber dennoch beruhigende Flug eines Schmetterlings oder der Anblick von zwei Verliebten, die sich in der roten Morgensonne zärtlich küssen.

»Oh, wie schön ist das Leben!«, sagte ich dementsprechend zu mir selbst, als sich mir genau diese Szene darbot. Hein und ich hatten mit dem Rettungswagen an einer roten Ampel angehalten, als mein Blick in den angrenzenden Park schweifte und an einem heftig knutschenden Pärchen hängen blieb.

Je nach Standpunkt konnte man die Situation allerdings auch als frühmorgendliches urbanes Picknick beschreiben. Die Uhr zeigte 05.45, und statt Champagner und Obstsalat umgaben verdächtig braune Halbliterflaschen und Überreste von Gyros, Pommes und Mayo die Liebenden. Dazu sang eine Nachtigall, die sich auf einer nahen Parkbank niedergelassen hatte, ihr Lied. Zugegebenermaßen hatte der Vogel am heutigen Morgen die Gestalt einer Partyleiche angenommen, und statt eines sanften »Tandaradei« in hohen Tönen dröhnte ein wirklich mächtiger Rülpser durch den Park, den sogar Hein und ich im Rettungswagen vernahmen.

»Fetten Respekt!«, kommentierte Hein, bevor uns nur Sekundenbruchteile später der Ruf der Leitstelle aus der romantischen Idylle riss.

»Für den RTW 3-1 geht es weiter. Hilflose Person in einem Vorgarten. Postalisch: In den Wengen, Hausnummer 4. Notruf erfolgte aus der Nachbarschaft. Schaut euch die Sache mal an.«

»Verstanden, sehr gern!«, bestätigte ich den Einsatzbefehl, und Hein machte Anstalten, den RTW auf der Kreuzung zu wenden. Ein weiteres Mal passierten wir die Parkanlage, und ich hatte das Vergnügen, aus dem Augenwinkel beobachten zu können, wie die Nachtigall erschrak, als Hein aufgrund querender Fußgänger gezwungen war, das Martinshorn einzuschalten.

Die Fahrt würde nicht lange dauern – vier, vielleicht fünf Minuten. Der Notfallort lag in einem alten, gutbürgerlichen Stadtteil, in dem der Generationenwechsel nur langsam vonstattenging. Das Durchschnittsalter lag deutlich jenseits der fünfzig, und studentische Wohngemeinschaften oder alleinerziehende Väter waren hier eher die Ausnahme. Die Schilder der Hausnummern an den Häusern stammten meist aus den Töpferkursen der braven Ehefrauen und waren vor lauter Kreativität manchmal nur schwer zu deuten.

Wir hatten Glück. Nachdem wir in die Straße eingebogen waren, erklärte sich die Situation fast von selbst. Nun ja – nicht ganz. Hein und ich brauchten eine ganze Weile, um die Einsatzlage vollkommen zu durchdringen, aber zumindest die Einsatzstelle mussten wir nicht lange suchen, und die Angabe einer Hausnummer hätte es nicht einmal gebraucht.

In einem großzügigen Vorgarten, schätzungsweise gut dreihundert Quadratmeter, fand ein einsames Konzert von Udo Jürgens statt.

»Gott hab ihn selig«, murmelte Hein, während wir aus dem Rettungswagen stiegen und die Szenerie auf uns wirken ließen. Untermalt vom ersten Tageslicht stand ein Herr in den Sechzigern hinter einem kleinen weißen Keyboard und haute in die Tasten, was das Zeug hielt. Er trug nichts außer einem offenen weißen Bademantel und auffallend hässlichen grünen Flip-Flops. Dazu erklang: »Ich wünsch dir Liebe ohne Leiden und eine Hand, die deine hält. Ich wünsch dir Liebe ohne Leiden und dass dir nie die Hoffnung fehlt …« – und zwar in einer Art und Weise, die man mit Worten kaum beschreiben kann. Bäume und Sträucher gestalteten unfreiwillig das Bühnenbild, und unser noch laufendes Blaulicht lieferte die passende Lightshow.

Die Ansprache unseres Patienten erwies sich indes als schwieriges Unterfangen. Sowohl Hein als auch ich versuchten, die Aufmerksamkeit des Herrn auf uns zu lenken, er sang jedoch einfach weiter und forderte uns gestikulierend zum Mitsingen auf.

Als erste Maßnahme zog Hein den Netzstecker des Keyboards, was lediglich dazu führte, dass das nicht vorhandene Publikum ab jetzt mit einem imaginären Mikrofon beschallt wurde: »Dein Leuchtturm steht nun anderswo …«

Hein wechselte die Taktik. »Darf ich um ein Autogramm bitten!«, brüllte er den singenden Bademantelträger an, worauf dieser augenblicklich die Lärmbelästigung einstellte. Aus der Nachbarschaft erklang vereinzelter Applaus, den wir aufgrund anderer Prioritäten ignorierten.

Die Frage lautete: Wurde hier überhaupt der Rettungsdienst benötigt oder war die zu diskutierende Ruhestörung ein ganz normaler Fall für die Polizei? Es soll ja schon vorgekommen sein, dass Menschen wegen Bagatellen auf Freund und Helfer warten mussten und in der Hoffnung, dass Blaulicht und Martinshorn die Dinge regeln würden, parallel die Feuerwehr beziehungsweise den Rettungsdienst alarmierten.

»Wo darf ich unterschreiben?«, fragte unser persönlicher Udo Jürgens begeistert, als Hein versuchte, das Gespräch auf eine sachliche Ebene zu bringen.

»Was ist hier los? Warum geben Sie hier am frühen Morgen ein Konzert? Können wir Ihnen irgendwie helfen? Und wie lautet eigentlich Ihr Name?«, bombardierte mein Kollege unseren vermeintlichen Patienten mit Fragen.

»Mir muss man nicht helfen«, antwortete der Träger des immer noch offenen Bademantels. »Es ist alles in bester Ordnung. Ich könnte mit einem dicken Filzschreiber Ihren Wagen signieren – wenn Sie möchten.«

Ich winkte ab. »Nein, lieber nicht! Aber vielleicht wollen Sie mal Ihr Geschlecht bedecken? Und wie war noch mal der Name?«

»Herr Dr. Klitter-Böhme ist mein Name, und ich trage mein Geschlecht gern offen«, antwortete der Träger eines Titels sachlich, aber insgesamt unruhig.

»Und Sie sind sicher, dass wir nichts für Sie tun können?«, hakte Hein nach.

»Ganz sicher. Mir ist nicht zu helfen. Der ganzen Welt ist nicht zu helfen. Helfen Sie sich selbst – wenn Sie können«, antwortete der Herr Doktor, bevor er wieder bekanntes Liedgut anstimmte.

Hein und ich prüften unsere Zuständigkeit. Gesundheitlich schien unserem Zustandsstörer, wie man Herrn Dr. Klitter-Böhme in Beamtendeutsch bezeichnen würde, nichts zu fehlen.

»Wer singt, der atmet auch, Puls hat der Kerl auf jeden Fall, und am Bewusstsein als solches ist ebenfalls nicht zu zweifeln – der Rest ist nix für uns!«, fasste ich die Gesamtsituation zusammen.

Hein nickte. Wir waren gerade dabei, das Konzert frühzeitig zu verlassen, als die Hausherrin auf der Bühne beziehungsweise im Vorgarten erschien.

»Herrgott, Herrgott, du je ... was ist denn jetzt schon wieder los?« Eine Blondine in den besten Jahren näherte sich uns schnellen Schrittes. Die Gute trug zwar keinen offenen Bademantel, die Ansammlung wild wehender Batiktücher um ihren Leib machte allerdings auch keinen wesentlich seriöseren Eindruck.

»Sie sind die Ehefrau von Herrn Dr. Klitter-Böhme?«, empfing Hein die Dame fragend.

»Ja sicher! Ich bin Frau Dr. Klitter-Böhme. Und um das gleich klarzustellen: Den einzigen Doktortitel hier im Hause habe ich.« Die Gattin des Schlagerdoubles tippte sich imponierend an die Brust und fuhr ohne Luft zu holen fort: »Sie müssen ihn entschuldigen. Es tut mir aufrichtig leid, mit Sicherheit haben sich wieder Nachbarn beschwert. Es ist immer das Gleiche – sobald der Kerl eine Nase Koks intus hat, gibt es kein Halten mehr. Da macht der immer so verrückte Sachen.«

»Ich liebe Doppelnamen«, entfuhr es mir, aber Hein unterbrach mich aus fachlicher Neugier: »Ihr Mann kokst?«

»Ja, ja. Wir koksen beide hier und da mal zwischendurch. Ist so ein Achtundsechzigerding. Nichts Ernstes. Was kinderlose Pädagogenpaare halt so in ihrer Freizeit machen. Er hatte Mathe und Physik und ich Biologie und Sport. Ich bin aber schon länger raus, habe Bio in der elften Klasse wohl mal zu anschaulich präsentiert, aber das tut ja gerade nichts zur Sache.«

Im Hintergrund erklang mit männlich herber Stimme: »Und doch tut's gut, wenn irgendwer auch mir die Daumen hält ...«

»Und was für verrückte Sachen macht Ihr Mann sonst so?«, erkundigte ich mich interessiert.

»Wie schon gesagt, nichts Ernstes. Letzte Woche hat er unserem Koi den Flachbildfernseher am Teichrand aufgebaut. ›Die wollen bestimmt auch mal das Fernsehprogramm gucken‹, meinte er. Im Augenblick hat er übrigens eine Mandarine im Po.«

»Ich bin schon wieder so schrecklich müde«, sagte ich zu Hein, als dieser sich abwandte und wortlos Richtung Udo Jürgens steuerte. Erinnerungen an Billardkugeln wurden in mir wach, und während ich noch über die »3« und die »4« im After eines Mitbürgers nachdachte, fasste Hein unseren Patienten am Arm und führte ihn mit sanftem Druck zum Rettungswagen.

»Soso, wir können Ihnen also nicht helfen!? Und was ist mit dem Obst, das Sie sich rektal eingeführt haben? Oder noch genauer – warum in Gottes Namen haben Sie überhaupt eine Mandarine im Po?«

Herr Dr. Klitter-Böhme reagierte zunächst trotzig. Mit zusammengepressten Lippen saß er wie ein ertapptes, schuldiges Schulkind im Patientenraum des RTW und schwieg.

»Wir hören ... Ihretwegen sind wir mit Blaulicht und Alarm durch die halbe Stadt gefahren«, setzte Hein väterlich streng nach, und nach einer Weile brach der Herr Doktor, unser Obstfreund, schließlich sein Schweigen.

»Meine Frau, die alte Petze! Konnte den Mund wieder nicht halten, was? Von sich hat die gute Seele wahrscheinlich nichts erzählt, oder?«

»Nein. Warum? Stecken Ihrer Frau ebenfalls Mandarinen im Po?«, fragte ich, unsicher, ob ich die Antwort hören wollte.

»Nein, aber die Alte ist kein Stück besser als ich. Die hat 'nen Dildo mit Betriebsstundenzähler, so ein um sich schlagendes Profiteil! Was meinen Sie, wo das überall drinsteckt? Von ihrem perversen kleinen Köter will ich gar nicht anfangen. Der klaut ständig ihre Tangas, ich nenne das Viech nur Schlüpperschlecker, den Rest können Sie sich ja denken. Aber wenn ich mir mal eine Kleinigkeit einführe, dann ist das Drama groß!«, verteidigte sich unser Patient derb, aber überaus informativ. »Frau Doktor hat Sie übrigens angelogen, es sind sogar zwei Mandarinen!« Ein schelmisches Grinsen huschte über sein Gesicht, bevor er sich wieder in trotziges Schweigen vergrub und nur noch die Melodie des eben gehörten Schlagers in sich hineinsummte.

»Also mir reicht es!«, begann Hein einen Monolog. »Von der Singerei und der Gesamtsituation mal ganz abgesehen: Sie haben Drogen konsumiert. Kokain, wenn wir richtig informiert sind, und Sie haben zwei Mandarinen im Rektum. Das sind für mich drei gute Gründe, Sie ins zuständige Krankenhaus zu bringen. Koks ist nicht gut fürs Herz, und ob das Obst unverdaut auf natürliche Weise den Weg nach draußen findet, kann ich nicht mal beurteilen. Ihr Schweigen deute ich als Einverständnis.« Mit diesen Worten verließ Hein den Patientenraum und ließ mich mit Herrn Dr. Klitter-Böhme allein.

»Sie haben es nicht immer leicht – oder?«, versuchte ich, ein Gespräch zu beginnen, doch statt einer Antwort erntete ich nur eine abfällige Geste.

Draußen erklärte Hein der Gattin unser Vorgehen und erwehrte sich zeitgleich den penetranten Annäherungsversuchen eines notgeilen Zwergpudels, der inzwischen aus der Terrassentür ins Freie gewuselt war.

»Der hat kein Benehmen und hört ganz schlecht, ist aber super liebevoll«, entschuldigte Frau Doktor das Verhalten ihres Hundes, als Hein sich leicht angeekelt in die Fahrerkabine des Rettungswagens flüchtete.

Die Fahrt ins Krankenhaus und die Übergabe ans Klinikpersonal verlief ohne nennenswerte Ereignisse. Der aufnehmende Pfleger und der diensthabende Chirurg waren anscheinend Kummer gewöhnt, und so standen Hein und ich schon nach einer Viertelstunde wieder dem Bürger zur Verfügung.

Zwei Stunden später erreichten wir erneut das Krankenhaus, diesmal mit einem Patienten, der statt einer Blutgruppe eine Rebsorte angab und im Rahmen des Weinkonsums sein Gleichgewichtsorgan überschätzt hatte. Seine harmlose Platzwunde war schnell abgearbeitet, und so hatten wir Gelegenheit, uns nach unserem koksenden Schlagerinterpreten und der hoffentlich ertragreichen Obsternte zu erkundigen.

Der Chirurg der Notaufnahme berichtete Folgendes: »Die Mandarinen waren kein Problem, das Koks eigentlich auch nicht, aber die vorgekochten dicken Bohnen in der Harnröhre, die haben uns Probleme gemacht. Da habt ihr gar nichts von gewusst, oder? Na ja, macht ja nichts. Der Herr Kitzler-Öhme, oder wie der Kerl heißt, liegt jetzt in der Urologie der Uniklinik.«

»Warum?«, unterbrach ich fassungslos.

»Mmhh, wir waren fachlich und technisch einfach überfordert«, antwortete der Diensthabende.

»Das ist mir schon klar, aber warum hat jemand dicke Bohnen im Penis?«

»Er hatte wohl Langeweile, was weiß ich, der Mensch ist halt ein komisches Tier«, ergänzte ein Krankenpfleger die Schilderung des Chirurgen. Damit wandte man sich ab und ließ uns sprachlos zurück.

Erneut erschienen Bilder vergangener Einsätze in meinem Kopf, diesmal von Perlenschnüren aus Metall in einer Harnröhre, und Hein begann zu singen: »Die Zeit ist um, die uns verband. Ich weiß, dass du es fühlst …«

Tierisches

»… ich habe ihm nur die Augen zugehalten.«

Was Haustiere angeht, so darf man mich getrost als Spätberufenen bezeichnen. Erst durch meine inzwischen langjährige Partnerin bin ich über einen kurzen Schildkrötenumweg auf den Hund gekommen.

Die gepanzerten Reptilien waren – was die Interaktion angeht – doch relativ eingeschränkt, selbst gemeinsame Tauchurlaube erschienen organisatorisch nahezu unmöglich, sodass ich meinem Kollegen Lothar für seine dauerhafte Inobhutnahme bis heute ausgesprochen dankbar bin.

Mein Elternhaus war durchaus tierlieb, verweigerte sich jedoch aufgrund der Weitsicht meiner Mutter, an wem die tierische Arbeit letztendlich hängen bleiben würde, beharrlich der Anschaffung eigener Haustiere, sodass erst im fortgeschrittenen Alter von 35 Jahren ein kleiner flauschiger Dalmatinerwelpe von meinem Herz Besitz ergriff.

Inzwischen maße ich mir an, die Vor- und Nachteile, die durch die Haltung von Haustieren entstehen, beurteilen zu können. Wer in kalten Wintermonaten die Hinterlassenschaften eines großen Hundes mit einem Plastiktütchen aufsammelt, der kann mit dem etwas altmodischen Begriff des Handschmeichlers plötzlich wieder etwas anfangen.

Musste ein Haustier vor einhundert Jahren noch einen eindeutigen Nutzen haben, so stehen heute andere Dinge im Vordergrund. Haustiere sind Seelenverwandte, Kindersatz, Statussymbol und Wirtschaftsfaktor. Dabei spielt es überhaupt keine Rolle, welches domestizierte Viech zu Hause eingezogen ist. Ob Hund, Katze, Pferd, Vogel oder Zierfisch, alles wird verhätschelt und vertätschelt, bis aus dem animalischen Freund fast ein kleiner Mensch geworden ist.

Es soll Aquarien geben, in denen statt Kiesel Swarovski-Steine liegen. Ich kenne persönlich adipöse Kohlmeisen, die durch sehr gut gemeinte Fütterung inzwischen praktisch flugunfähig sind. Dass Hunde, Katzen und Pferde ab Oktober nur noch im Mäntelchen an die frische Luft dürfen, ist inzwischen gefühlte Normalität, aber dass die Perversion noch weiter gehen kann, zeigt mir folgendes Beispiel:

2014 erschien das Kinderbuch *Theo, der vegetarische Tiger.* Inzwischen hat Theo sogar ein vegetarisches Kochbuch. Vom pädagogischen Wahnsinn einmal abgesehen, bin ich auf den Tag gespannt, an dem ich meinem Hund mindestens einmal pro Woche einen Kohlrabi-Lauch-Auflauf servieren muss, natürlich ohne Gluten und frei von Konservierungsstoffen.

In der guten alten Zeit durften Katzen Mäuse fangen, und Wachhunde gingen ihrem ganz natürlichen Instinkt nach, ein Territorium zu beschützen. Damals hielt sich übrigens auch die Feuerwehr selbst noch Tiere. Neben Pferden, die die Feuerwehrkutschen zum Einsatzort zogen, waren Hunde auf Feuerwachen beileibe keine Seltenheit – wobei der Begriff Wachhund auf einer Feuerwache für mich eine völlig neue Sinnhaftigkeit erhält. Der geneigte Germanist möge mir das extrem flache Wortspiel verzeihen. Sorry, ich konnte nicht anders.

Aber auch wenn Tiere heute auf Feuerwachen keine dienstliche Rolle mehr spielen, so haben sie die Wache dennoch nicht verlassen – sie sind zwar nicht mehr Teil der Truppe, dafür jedoch fester Bestandteil des Einsatzspektrums.

Speziell Vögel nehmen für mich inzwischen eine ganz besondere Stellung ein. Dem Menschen erscheinen sie verdächtig, sobald sie den Luftraum verlassen und ihren evolutionären Vorteil, nämlich den Flug ohne Hilfsmittel zu beherrschen, nicht mehr nutzen. Selbst Laufenten machen sich verdächtig und veranlassen den Bürger zur Alarmierung der Feuerwehr, sollte es den Tieren einfallen, sich aus einem umzäunten und ausreichend beschilderten Gehege zu befreien. Das Tier fliegt nicht, also ist es krank und bedarf staatlicher Hilfe. Mit festgefrorenen Enten dürfen Sie Hein und mir schon lange nicht mehr kommen, und auch die letztlich erfolgreiche, aber von erheblichem Sachschaden begleitete und literarisch bereits dokumentierte Rettung des Sittichs Hindenburg ist noch nicht abschließend verarbeitet.

»Früher sollten wir wenigstens Katzen von Bäumen retten – aber bei Vögeln hört es doch wirklich auf, oder?«, fragte Hein resigniert und wirklich in seinem beruflichen Selbstverständnis erschüttert, nachdem uns die neuste Alarmierung erreicht hatte.

»Auch wenn dir offensichtlich der emotionale Zugang fehlt, Hein, es geht hier quasi um ein Familienmitglied. Wo bleibt deine sensible Seite?«, erwiderte ich hinter vorgehaltener Hand. Wir bemühten uns um Diskretion, denn gemeinsam beobachteten wir in Hörweite Noah, unseren Fahrzeugführer, wie er sich dem Hilfe suchenden Redeschwall einer circa sechzigjährigen

Dame ergab und dabei versuchte, wichtige Informationen von unwichtigen Details zu unterscheiden.

»Ich hab extra keine Illegale aus dem Ostblock genommen, aber auf die Südländer kann man sich auch nicht verlassen! Mafalda muss vergessen haben, das Fenster zu schließen. Mir passiert das nie! Und jetzt ist Littbarski draußen! Der Arme kennt sich doch gar nicht aus«, keifte die ältere Dame.

»Littbarski?«, unterbrach Noah.

»Ja, so heißt der junge Mann. Na ja, jung ist relativ. Der Vogel ist mindestens so alt wie Sie, für Halsbandsittiche kein Alter, aber Sie wissen ja, was ich meine. Der Gute darf sonst nur in der Wohnung fliegen, jetzt ist die Welt so groß geworden ... Sie müssen den Jungen zurückholen – koste es, was es wolle. Mir zerreißt es sonst das Herz«, klagte die Halterin des Edelsittichs. »Und außerdem kennen wir Ihren Chef persönlich.«

Noah blieb gelassen. »Ihr Vogel kennt meinen Chef?«, fragte er, und die ältere Dame nickte triumphierend. Noah zuckte mit den Schultern. »Von mir aus, sei's drum.« Das Lächeln der Dame verflog schlagartig, bis Noah einlenkte, um eine Eskalation der Lage zu vermeiden. »Wir wollen Ihnen ja gern helfen. Ich hab da auch eine Idee. Wie wäre es, wenn Sie den Käfig von Littbarski mit seinem Lieblingsfutter an das offene Fenster stellen?«

Hein und ich atmeten auf. Weder wir noch unsere unsagbar teure, monströse, von Steuergeldern bezahlte Drehleiter würden in diesem doch eher sinnbefreiten Einsatz verschlissen. Klar, uns tat es natürlich ebenfalls leid um Littbarski. Unser Herz war schwer ob der Widrigkeiten, mit denen der Vogel ab heute umgehen musste, aber das Einfangen von flugfähigen Vögeln ist nun mal kein Spezialgebiet der Feuerwehr.

Gedanklich hatten wir die Einsatzstelle schon verlassen, als Frau Mielke, wie die Sittichhalterin hieß, Noah heulend um den Hals fiel und nicht mehr von ihm abließ. Nun war unser Fahrzeugführer doch beeindruckt. Die Dame in den besten Jahren hatte ihn mehr oder weniger in den Schwitzkasten genommen. »Gute Frau, ich muss doch bitten ...«, entfuhr es ihm um Contenance bemüht, was Frau Mielke zusätzlich motivierte.

Von außen betrachtet und ohne Kenntnis der Zusammenhänge konnte der Eindruck entstehen, die Feuerwehr beziehungsweise ihr Einsatzleiter vor Ort verweigerten einer verzweifelten Rentnerin die Hilfe, die jeder halbwegs mitfühlende Mensch zu leisten bereit wäre.

»Fünf zu eins – Noah verliert«, flüsterte ich an Hein gewandt, was dieser mit einem »Jo, 'nen Zehner! Wer nicht wagt, der nicht gewinnt!« zahlungspflichtig beantwortete.

»Ich will nicht tauschen«, bemerkte ich leise, als die Szenerie zunehmend unwürdiger wurde.

Frau Mielke hing schreiend an Noahs Hals, wimmerte »Littbarski, Littbarski« und ließ die Schwerkraft den Rest erledigen.

Malen Sie sich dieses Bild bitte vor Ihrem geistigen Auge aus: Eine ältere Dame in schwarzen Lackschuhen mit mittelhohem Absatz, einer lindgrünen Stoffhose und einer Bluse mit großformatigen floralen Motiven in ähnlicher Farbe, darauf krönend eine von Unmengen an Haarspray an Ort und Stelle gehaltene Frisur – die an einem in feuerfester persönlicher Schutzausrüstung gewandeten jungen Mann hängt und nach ihrem Vogel schreit, der nach einem ehemaligen Bundesligaprofi benannt ist.

»Er hat gar keine Wahl«, prophezeite ich gerade, als Noah auch schon aufgab.

»Schon gut, schon gut! Wir geben uns einen Versuch mit der Drehleiter«, seufzte mein Vorgesetzter mit einem hoffnungsvollen Blick in die Äste einer mindestens hundertjährigen Platane. »Hein, du bringst die Drehleiter in Stellung, Abstützung, Absicherung und der ganze Kram. Jörg, du besorgst den Käfig unseres gefiederten Freundes. Dann rauf damit und Daumen drücken, dass Littbarski zurück in die eigene Kabine fliegt. Wenn nicht, hängen wir den Käfig in den Baum und kommen heute am späten Abend zwecks Kontrolle noch mal zurück.«

»Wir stellen dem Sittich quasi eine Falle«, bemerkte ich verschwörerisch, was Noah mit einer zweifelnden Miene quittierte. Offenbar fragte er sich, ob er mich weiterhin ernst nehmen sollte.

In ausgesprochen sachlichem Tonfall erwiderte er: »Der Vogel sitzt in der Krone.«

»Wow, das klingt nach der Parole von irgendwelchen Perversen«, kommentierte Hein noch eben hörbar lachend, bevor er die Stützen der Drehleiter hydraulisch absenkte.

»Wollt ihr zwei mich verarschen?« Der sachliche Fachmann war einem angepissten Befehlshaber gewichen. »Drehleiter in Stellung und dann rauf da. Vogel retten!«

Gerade noch rechtzeitig verkniff ich mir ein preußisches »Jawoll!«, und wenige Minuten später hatte ich den Käfig, der bezeichnenderweise die Produktbezeichnung »Liberty« trug, aus der Wohnung von Frau Mielke geholt und befand mich auf dem Weg in die Baumkrone in circa zwanzig Metern Höhe, um dem entflogenen Halsbandsittich Herr zu werden.

»Sie müssen ihn beim Namen rufen«, brüllte Frau Mielke in einer Lautstärke zu mir nach oben, die ich ihr erstens niemals zugetraut hätte und die mich zweitens befürchten ließ, alle Vögel im Viertel könnten, der Schwarmintelligenz folgend, gemeinsam aus der Stadt flüchten.

Leider trug die Schuld genau daran schlussendlich jedoch nicht die gute Frau Mielke, sondern ich. Höchstens ein Meter trennte mich noch von Littbarski, aber obwohl ich ihn melodisch rief, machte er keine Anstalten, in seinen Käfig zurückzukehren. Daher sollte Teil zwei des Plans in Kraft treten: Geduld und Positionierung des mit Lieblingsfutter gespickten Käfigs in der Baumkrone.

Bei meinem Versuch, das riesige Messingdrahtkonstrukt an einem Ast zu befestigen, löste sich dummerweise der wannenförmige Kunststoffboden und raste mit 9,81 m/s² zu Boden, wo er in ungefähr tausend Teile zersplitterte und das Geräusch eines einstürzenden Einfamilienhauses nachahmte. Littbarski und eine unbestimmte Anzahl weiterer mit Federn bekleideter Wirbeltiere stoben davon und waren nie wieder gesehen.

Die Vogelmutter befand sich am Rande des Nervenzusammenbruchs und fluchte unflätig in meine Richtung. Noah hatte sich auf den Bürgersteig gesetzt und rieb sich immer wieder ungläubig mit den flachen Händen über das Gesicht. Hein riet mir über die Gegensprechanlage, noch eine Weile oben im Rettungs- und Arbeitskorb der Drehleiter zu bleiben. Ein Rat, den ich gern befolgte.

Um die allgemeine Stimmung auf der Rückfahrt eine Dreiviertelstunde später etwas aufzuheitern, intonierte Hein ein hübsches Lied: »Flieg nicht so hoch, mein kleiner Freund ...«, und es klang nicht mal schlecht, aber weder Noah noch ich hatten Lust, in den Refrain einzustimmen.

Frau Mielke kannte übrigens tatsächlich meinen Chef. Zwei Wochen gingen ins Land, bis die Aufforderung zu einer schriftlichen Stellungnahme in mein Postfach flatterte.

Auf seine ganz eigene kollegiale Art resümierte Hein: »Du hast den Flattermann verjagt, also musst du auch schreiben. Liegt dir eh viel mehr als mir. Wer von uns beiden ist denn hier der Autor? Dir wird schon was Plausibles einfallen. Wie wäre es damit: ›Der Sittich hat sich der alljährlichen Wanderung der Zugvögel angeschlossen.‹«

»Wanderung der Zugvögel? Anfang Juli? Hast du sie noch alle?« Vergeblich hielt ich nach etwas Ausschau, das ich Hein an den Kopf werfen konnte.

»Ooch, der Klimawandel ist noch für ganz andere Sachen verantwortlich«, erklärte er. »Ich hatte letztes Jahr im November noch Tomaten auf der Terrasse – und nix Gewächshaus: draußen.«

Im Luftholen für eine passende Antwort begriffen, erfolgte der nächste Alarm. Der Zufall wollte es, dass erneut Noah, Hein und ich unsere Drehleiter besetzten.

»Prager, Ecke Warschauer Allee, Tier in Not, Einsatz für die DLK (Drehleiter mit Korb) der Westwache«, tönte es sonor aus dem Wandlautsprecher.

Wir waren gerade erst ausgerückt, als Noah zum Funkhörer griff, um sich weitere Details zu beschaffen. »DLK-West mit der Frage: Was für ein Tier, und liegen weitere Informationen vor?«

»Der Anrufer hat nur: ›Hilfe‹ und ›großer Vogel‹ sowie die Ortsangabe ins Telefon gebrüllt. Er hat sich mindestens fünfmal wiederholt, bevor die Verbindung abriss«, erklärte der Disponent der Leitstelle.

»Ich kenn den Kerl, der ist nett.« Hein deutete auf den Funkhörer, um anzuzeigen, dass er den Leitstellenmitarbeiter meinte. »Aber ich mag seine Stimme nicht.«

Noah sah Hein konsterniert an, blickte dann zu mir und murmelte so etwas wie: »Nicht schon wieder, das hab ich einfach nicht verdient.« Deutlich lauter meinte er: »Wir tauschen heute mal die Rollen. Hein kümmert sich um die Tiere, und Jörg bedient die Drehleiter. Außerdem hält sich Jörg von allem fern, was einen Schnabel hat – einverstanden? Ist auch egal. Genauso machen wir es!«

In diesem Moment bog unser Hubrettungsfahrzeug in die Zielkreuzung ein, wo sich uns ein wahres Verkehrschaos bot. Es wurde gehupt, es wurde geschrien, und für einen Spurwechsel hätte man das Auto des Nebenmanns käuflich erwerben müssen. Wenn kein Platz ist, ist kein Platz. Manchmal hat der Bürger aufgrund baulicher Gegebenheiten und parkender Kraftfahrzeuge tatsächlich keine Chance, eine Rettungsgasse zu bilden. Daher verließen Hein und Noah die Drehleiter zur Erkundung und ließen mich allein zurück.

Fünfzig bis siebzig Meter hatten sie zurückgelegt, bis Zeugen ungefragt das Erlebte schilderten.

»Der Typ ist komplett durchgeknallt, fast hätte es Tote gegeben! So was haben selbst Sie noch nicht gesehen. Aus heiterem Himmel stellt der hier sein Auto quer, die Tür fliegt auf, und der Kerl rennt einem Schwan hinterher, der gemütlich auf dem Mittelstreifen rumwatschelt«, berichtete einer der Verkehrsteilnehmer, für die es derzeit kein Weiterkommen gab.

»Sie müssen linksrum, in die Nebenstraße. Der Idiot hat sich fast noch von der S-Bahn überfahren lassen, um das Viech zu retten oder zu fangen, oder was weiß ich …«, ergänzte eine aufgeregte Frau in den Zwanzigern.

»Weiter, Hein, hier lang«, rief Noah und schob ihn um die nächste Ecke, wo sie auf den beschriebenen Entenvogel trafen, der sich in merkwürdiger Gesellschaft befand.

Das Tier lag entspannt im Schoß eines etwa Mittdreißigers. Mütze und Bart des Mannes ließen zunächst an einen coolen Hipster denken, bei genauerer Betrachtung überwog jedoch der Eindruck eines militanten erzkonservativen Frutariers. »Kinder statt Rinder« stand auf einem Jutebeutel, der neben dem ungleichen Paar lag und zum Nachdenken einlud.

»Sei's drum, einer muss ja anfangen«, flüsterte Noah zu sich selbst, bevor er sich an den Schwanenretter wandte. »Ist bei Ihnen alles in Ordnung? Es gibt Menschen in den Autos hinter Ihnen, die sich Sorgen um Sie machen. Und wie geht's eigentlich dem Schwan? Alles okay?«

»War alles nicht so wild wie zunächst angenommen«, beschwichtigte der Angesprochene. »Bitte bedanken Sie sich bei den Menschen, die sich Sorgen gemacht haben. Aber wir kommen jetzt allein klar. Erst war der Schwan sehr hektisch wegen der Umstände, inzwischen hat er sich jedoch beruhigt.«

Zunehmende Nervosität in der Stimme des Mannes ließ Noah aufhorchen, als Hein auch schon verkündete: »Ich will ja nix sagen, aber der Schwan ist extrem ruhig, auch wegen dem hängenden Hals. Wenn du mich fragst, ist der um!«

Bevor Noah Fragen zur nun veränderten Sachlage stellen konnte, brach es aus dem unglücklich gescheiterten Tierfreund heraus: »Ja, verdammt, Sie haben recht. Der Schwan ist in meinen Händen gestorben, aber ich habe ihn nicht umgebracht, ich habe ihm lediglich zur Beruhigung die Augen zugehalten und über den Kopf gestreichelt. Der Stress war es, der ihn getötet hat.«

»O. k., dann hab ich ab heute Angst beim Einschlafen«, erwiderte Hein leicht süffisant, der als Todesursache für den Vogel übermotiviertes Heldentum in Verbindung mit Strangulation annahm, natürlich vorbehaltlich einer Obduktion des Vogels. »Der Hals lädt natürlich auch ein ...«, fuhr er fort, bevor er von Noah zurück zur im Stau stehenden Drehleiter geschickt wurde.

Wenig später übergab unser Fahrzeugführer die Verantwortung über die Lage zwecks Verkehrsregelung an die mittlerweile ebenfalls eingetroffene Polizei. Der arme Schwan ging den Weg alles Irdischen, und über eine festhängende Sprechtaste an Noahs Handfunkgerät erhielten Hein und ich noch vor unserer Abfahrt einen letzten Eindruck der Bindungskräfte, die eine Beziehung zwischen monogamen Partnern am Leben erhalten.

Frauenstimme: »Ich dachte, du hättest einen Schwan gerettet – jetzt höre ich, dass du fast überfahren worden wärst ... Das kannst du also auch nicht. Du würdest glatt eine Hand verlieren beim Versuch, männliche Küken vorm Schredder zu bewahren. Von und vom Vögeln keine Ahnung – was ist bloß los mit dir?«

Heins abschließende Worte: »Puh, in dem Haushalt will man nicht mal Zierfisch sein.«

Wer heilt, hat recht

Alternative Heilmethoden vs. Schulmedizin

Einige Wochen später hatte Hein verschlafen. Nicht dass er zu spät zum Dienst erschienen wäre, aber das für ihn und die ihn umgebende Umwelt äußerst wichtige Frühstück hatte ausfallen müssen. Nicht umsonst gilt das Frühstück unter Ernährungswissenschaftlern als die wichtigste Mahlzeit des Tages. Einen hungrigen Hein wollen Sie nicht erleben, geschweige denn sein Patient sein, und auch ich möchte an dieser Stelle lieber nicht über meinen Kohldampf schiebenden Kollegen schreiben. Schließlich bin ich kein Kriegsberichterstatter.

Unser gemeinsamer Dienst auf dem Rettungswagen hatte um sieben Uhr dreißig begonnen, und eine aufwendige Verlegung und ein mehr oder weniger harmloser Fahrradsturz hatten bisher unsere ganze Aufmerksamkeit in Anspruch genommen. Wir waren gerade auf dem Weg zurück zur Wache, als Hein ein wahrlich herzzerreißendes »Hunger!« von sich gab. Diese letzte friedliche Warnung seinerseits und mein grundsätzlich deeskalierendes Naturell ließen mich an der nächstbesten Metzgerei anhalten, damit Hein sich mit ein paar belegten Brötchen versorgen konnte.

Weil mit knurrendem Magen einkaufen zu gehen nie eine gute Idee ist, schaute ich Hein mit einer gewissen Sorge hinterher, als er das Ladenlokal betrat. Befürchtungen, er würde gleich mehrere Rinderhälften käuflich erwerben, erwiesen sich im Nachhinein zwar als unbegründet, dennoch musste ich eine ganze Weile auf meinen Kollegen warten.

Bevor er nämlich bedient wurde, war zunächst ein Kerl an der Reihe, der die Herkunft des Fleisches bei jeder einzelnen Scheibe Schinkenwurst infrage stellte. Über seinen Versuch, lustig zu sein, indem er einen alten Witz erzählte (»Und dann hätte ich noch gern dreihundert Gramm Leberwurst von der fetten Groben – oder hat die heute wieder Berufsschule?«), lachte allerdings niemand.

Es wurde abkassiert, und als Nächstes war die Frau vor Hein dran. Die Gute musste der Fleischereifachverkäuferin bestens bekannt sein, jedenfalls duzte man sich und tauschte erst einmal die Neuigkeiten des Tages aus. Dann wurden die Krankheiten der Ehemänner aufgezählt, um im Anschluss die eigenen Zipperlein zu diskutieren.

Hein ließ derweil mit hängendem Magen die Auslage auf sich wirken. Verschiedene Schinken, Pasteten und hübsch aussehende Mettbällchen versetzten ihn sozusagen in Trance. Die Fleischkugeln erinnerten ihn wohl an Raffaello-Kugeln, und ein laut gedachtes »Zwiebeln statt Kokos« erregte ungewollt die Aufmerksamkeit der Metzgerin.

»Sie sind noch gar nicht dran, junger Mann!«, bellte sie Hein aus seinen Tagträumen. Nun war er wieder wach und lauschte unfreiwillig dem Dialog der beiden Damen.

Kundin: »Hach, ich weiß auch nicht.«

Metzgerin: »Wat weißt du denn nicht?«

Kundin: »Hach, ich hab ganz oft so ein Kribbeln unter der Kopfhaut. Ich glaub, ich hab Hirnbluten.«

Metzgerin: »Ah, ich hatte auch schon Hirnbluten! Drei Wochen lang!«

Kundin: »Nee!«

Metzgerin: »Doch!«

Kundin: »Und dann?«

Metzgerin: »Mein Hausarzt meinte, et käme von de Rinder – natürlich Quatsch!«

Kundin: »Ja, und wat haste gemacht gegen dat Hirnbluten?«

Metzgerin: »Bachblüten! Hat super geholfen! Da schwör ich drauf!«

Kundin: »Und dat Hirnbluten ist weg?«

Metzgerin: »Nee, weg nicht. Aber ich hab et super im Griff.«

Irgendwann wurde Hein »zwischendurch« bedient und kam kopfschüttelnd und den Rest eines halben Mettbrötchens kauend zurück zum RTW.

»Mein Gott! Fahr uns hier weg. Schnell!«

»Was war denn los?«, fragte ich.

»Kann man nicht wiedergeben«, brummte Hein, was er dann aber doch tat. »Wenn die beiden da drin recht haben, können wir die Neurochirurgie des Universitätsklinikums durch die Praxis eines Heilpraktikers ersetzen.« Kopfschüttelnd führte mein Kollege seinem Verdauungstrakt zwei weitere Mettbrötchen und ein Töpfchen Fleischsalat zu, bevor er sich mit zufriedener Miene zurücklehnte. »Uff, besser«, ließ er mich wissen, als der nächste Alarm die Frühstückspause auch schon wieder beendete.

Es ging zur Hohenbuscher Höhe, wo ein »Stammkunde« auf unsere beziehungsweise die notärztliche Hilfe wartete.

Herr Herbst ist grundsätzlich davon überzeugt, dass für ihn bald der Winter naht, und man darf ihn getrost als hypochondrischen Blumenstrauß bezeichnen. Ein komisches Gefühl beim Wasserlassen nimmt er als erstes Anzeichen für eine erektile Dysfunktion, eine Zerrung in der Wade bedeutet die Auflösung der gesamten Körpermuskulatur, und ein flüchtiger Husten ist nur als Lungenkrebs im Endstadium zu deuten.

Da wir die Einsatzstelle gleichzeitig mit dem Notarzteinsatzwagen erreichten, betraten wir zu viert im Gänsemarsch die Wohnung von Herrn Herbst.

»Der Herr sei gepriesen! Sie sind endlich da!«, begrüßte er uns überschwänglich.

Von da an gab es nur zwei Möglichkeiten. Entweder traf unser Dauerpatient auf einen Notarzt, der ihn noch nicht kannte und der dann trotz Beratung durch einen erfahrenen Sanitäter das gesamte Potpourri der Notfallmedizin feilbot. Oder Herr Herbst bekam es beispielsweise mit Dr. Jung zu tun, der bereits mehrmals Herrn Herbsts akuter Niereninsuffizienz, seinem toxischen Leberversagen oder seinem drohenden Tod durch Lungenembolie entgegengetreten war. Die Therapie Herbst-erfahrener Notärzte bestand in aller Regel darin, dem Patienten eine Weile zuzuhören und in schwierigen Fällen auch mal eine harmlose Infusion zu verabreichen. Absolute Worst-Case-Szenarien führten mitunter sogar zu einer Einweisung ins zuständige Krankenhaus, aus dem Herr Herbst bislang jedes Mal nach wenigen Stunden enttäuscht und ohne Befund entlassen worden war.

Heute war kein guter Tag. Unser Patient hatte einen akuten Magendurchbruch diagnostiziert, der mit einem kleinen

Plausch sicherlich nicht kuriert werden konnte. Ursache für die plötzliche Erkrankung war der Genuss von Dosenchili aus dem Discounter in Verbindung mit nicht rezeptpflichtigen Schmerzmitteln, die bekannterweise die Magenschleimhaut reizen.

»Sie müssen mir schnell was gegen die Auflösung des Magens spritzen!«, befahl Herr Herbst, und Dr. Jung fackelte nicht lange und tat, wie ihm geheißen. Fünf Milliliter hochwirksame Natriumchloridlösung, intravenös verabreicht, trugen massiv zur Verkürzung der Einsatzdauer bei, und der letzte Milliliter war noch nicht in der Blutbahn, da wurden die Beschwerden auch schon viel besser.

»Dem Himmel sei Dank, dass Sie über all die vielen Spezialmedikamente verfügen!«, seufzte unser Patient dankbar.

»Ja, in der Tat ein großes Glück. Das gute Zeug heißt Placebo und wirkt wahre Wunder«, antwortete Dr. Jung und schlug die Vorstellung in einer geeigneten Klinik vor, um etwaige neurologische Spätfolgen auszuschließen. Herr Herbst lehnte dankend ab, was zwar den Papierkram vervielfachte, uns aber zumindest die Fahrt in die Psychiatrie ersparte.

Waren wir hier noch einmal glimpflich davongekommen, hatten es Hein und ich in den nächsten Stunden nicht leicht. Liebend gern wären wir noch ein paarmal zu Herrn Herbst gefahren, stattdessen stand jedoch Unterricht auf der Wache auf dem Programm. An sich wäre das nicht weiter schlimm, ich wehre mich nicht gegen Aus- und Fortbildung, aber das Thema lautete »Akupunktur im Rettungsdienst«.

Ich habe nichts gegen alternative Heilmethoden, bin allerdings der Überzeugung, dass im Leben alles seinen Platz beziehungsweise seine Bestimmung hat. Wenn für einen Not-fallpatienten Akupunktur die bestmögliche Therapie darstellt, dann ist er in meinen Augen aus rettungsdienstlicher Sicht kein Notfallpatient. Es kommt ja auch kein Heiler der traditionel-len chinesischen Medizin auf die Idee, Elektroschocks mit circa zweihundert Joule in den Patienten zu jagen, um die Energien im Körper wieder auszugleichen.

Noch schlimmer als das Thema war die Art der Präsenta-tion. Der externe Dozent hatte PowerPoint restlos alles abver-langt, was es zu bieten hat. Fotos flogen mal von rechts, mal von links ins Bild, Tabellen kamen von oben und unten, und wenn ich es nicht selbst gesehen hätte, würde ich nicht glauben, wie viele Schriftgrößen und Schriftarten in einem Absatz unterzu-bringen sind – von Farben will ich gar nicht anfangen.

Heins sonniges Gemüt betrachtete das Ganze als Satire. »Junge, auf uns kommen goldene Zeiten zu«, raunte er mir zu. »Nix mit Weiterbildung zum Notfallsanitäter, ich mach dem-nächst in Mineralien. Edelsteintherapie im Schockraum! Wir brauchen den Notfall-Smaragd im Raum 4!« Ich musste mir bereits ein dezentes Lachen verkneifen, als Hein noch einen draufsetzte: »Ich glaube, oft ergibt das, was wir tun, gar keinen Sinn. Ich werde demnächst vermehrt auf die Lebenslinie in den Handflächen der Patienten achten ...«

Er hatte ein wenig zu laut geflüstert und wurde in diesem Moment unterbrochen. »Lassen Sie uns doch alle an Ihrem unter-haltsamen Dialog teilhaben«, sprach der Dozent, durch die Störung seines Vortrags schon leicht gereizt, an Hein und mich gewandt.

»Das sind doch alte Kamellen, was Sie da erzählen«, erwi-derte Hein. »Akupunktur haben wir schon vor zwanzig Jahren veranstaltet. Ich kann mich an einen Patienten mit einer allergischen Reaktion erinnern, bei dem haben wir vierzehn Versuche gebraucht, bis der venöse Zugang erfolgreich platziert war! Allerdings gab es damals auch noch keine Nadeln, die man in den Knochen bohren konnte.«

Alle in dem kleinen Schulungssaal brachen in schallendes Gelächter aus. Leo, unser Dienststellenleiter, verordnete der Veranstaltung eine kleine Pause und zitierte Hein in sein Büro. Zur beabsichtigten Standpauke kam es allerdings nicht, denn der nächste Alarm ertönte und wir mussten ausrücken.

Die Einsatzstelle lag keine zwei Minuten von der Wache entfernt, was ein Glück war, da das Einsatzprotokoll »starke Blutung« als Grund des Notrufs auswies. Als wir kurze Zeit später auf unseren Patienten trafen, war ich deshalb schon ein wenig enttäuscht. Herr Baschen hatte es zwar geschafft, Diele, Flur und sämtliche Zimmer seiner Wohnung mit Blut zu besudeln, mehr als ordentliches Nasenbluten hatte er als Ursache dafür allerdings nicht zu bieten.

»Ist das lebensgefährlich?«, fragte er sofort mit einer gewissen Verunsicherung in der Stimme.

»Mit sehr hoher Wahrscheinlichkeit nicht«, antwortete ich in der Hoffnung, ihn zu beruhigen.

Ein fast hysterisches »Ach du Scheiße! Ich hab es gewusst!« entfuhr unserem Patienten, der offensichtlich nur noch hörte, was er hören wollte. Spätestens jetzt war Hein und mir klar, dass dieser Einsatz nicht ganz einfach werden würde.

Während Hein damit begann, unseren Patienten medizinisch zu versorgen, ließ ich den Tropfenden noch auf mich wirken. Herr Baschen bekam eine Kompresse und viele Fragen gestellt. Ersteres diente dazu, dass nicht noch mehr Blut in der Wohnung versickerte, Letztere sollten die Ursache für das Nasenbluten klären.

Hein war gründlich. »Sind Sie gestürzt? Hatten Sie so etwas schon öfter? Ist Bluthochdruck bei Ihnen bekannt? Haben Sie blutverdünnende Medikamente eingenommen?« und so weiter.

Herr Baschen negierte alle Fragen, als mich ein kleines Detail an ihm stutzig machte. Im Großen und Ganzen machte unser Patient einen völlig normalen Eindruck – mal abgesehen davon, dass er aussah, als hätte er in Jeans und hellblauem Polo-shirt bei einer Hausschlachtung geholfen.

»Was haben Sie denn da?«, erkundigte ich mich verwun-dert und deutete auf einen dünnen weißen Faden, der mehrmals stramm um das letzte Glied des rechten Ringfingers gewickelt war.

»Das war mein Nachbar«, antwortete Herr Baschen, der immer wieder auf die Kompresse schaute, um zu überprüfen, ob er noch blutete. »Bei ihm habe ich zuerst um Hilfe gerufen. Der kennt sich aus! Finger abbinden soll bei Nasenbluten ja wahre Wunder bewirken. Altes Hausmittel! Wir haben Zahnseide aus dem Reformhaus benutzt. Sebastian kommt auch gleich wieder, der ist nur noch mal schnell los, um Schröpfgläser von seinem Opa zu holen.«

Hein schaute auf. »Zahnseide aus dem Reformhaus? Schröpf-gläser? Ist hier wirklich alles in Ordnung?« Mein Kollege klang ernsthaft besorgt. Gerade wollte er zu weiteren Fragen ausho-len, als Schritte und ein leises Klirren hörbar wurden. Es vergin-gen nur Sekunden, bis der erwähnte Nachbar mit einer großen

Pappschachtel voller merkwürdig anmutender Gläser und Gummipfropfen im Türrahmen stand.

»So, es kann losgehen!«, rief er fröhlich, als sein Blick auf Hein und mich fiel. »Was machen Sie denn hier?«

»Die Frage wollte ich auch gerade stellen!«, entgegnete Hein brüsk und markierte damit unmittelbar den Frontverlauf.

»Sebastian, ich hab den Rettungsdienst gerufen, weil ich dann doch irgendwann Angst bekommen habe«, warf unser Patient erklärend ein. Außer mir hörte ihm allerdings niemand zu.

»Mein Großvater war Heilpraktiker!«, erklärte der Nachbar. »Und ich werde Herrn Baschen jetzt blutig schröpfen – er hat zu viel Lebenssaft, daher das Nasenbluten!«

»Außer der Krankenkasse wird hier niemand geschröpft. Und erst recht nicht blutig«, gab Hein ungerührt zurück.

»Wer glauben Sie denn zu sein? Dass Sie es wagen, mir irgendetwas zu verbieten, Sie Sklave der Schulmedizin!«

»Und wer oder was glauben Sie zu sein? Haben Sie überhaupt den Hauch einer medizinischen Ausbildung?«

»Wie schon gesagt, mein Großvater war Heilpraktiker! Ich habe ihm jahrelang über die Schulter geschaut.«

»Und mein Opa war Widerstandskämpfer im Zweiten Weltkrieg, deshalb bin ich heute aber noch lange kein Sprengstoffexperte!« Heins Stimme hatte deutlich an Lautstärke gewonnen, und die verbalen Fetzen flogen weiter. Mein Kollege und der Heilpraktikerenkel tauschten so lange Argumente und Beinahe-Beleidigungen aus, bis beide den allgemeinen körperlichen Wohlfühlabstand von circa fünfzig Zentimetern deutlich unterschritten. Sie standen sich Nase an Nase gegenüber, als sich unser Patient ins Streitgespräch einmischte.

»Es hat aufgehört zu bluten«, brachte Herr Baschen erleichtert hervor und sorgte damit für einen Moment allgemeiner Sprachlosigkeit.

Sebastian fand als Erster seine Worte wieder. »Sehen Sie, ich hatte recht!«, tönte er überschwänglich.

»Was heißt denn hier recht haben?«, ereiferte sich Hein. »So was Lächerliches habe ich noch nie gehört! Natürlich hört die Nase irgendwann auf zu bluten – schon mal was von Gerinnungskaskade gehört?«

Die Diskussion setzte sich erneut in Gang, und Herr Baschen und ich wurden wieder zu Zuschauern degradiert, während Hein und der schröpfwütige Nachbar weiter stritten. Hein bemühte medizinische Fakten, Studien und Rechtsgrundlagen für Heilberufe. Sebastian konterte mit der Arroganz der Schulmedizin und sprach sogar von wissenschaftlichem Imperialismus.

»Wer heilt, hat recht! Und wer hat den Finger abgebunden? Ich!«, beendete er seine Tirade.

Hein setzte zu einer Antwort an, als es mir zu bunt wurde. »Der Firlefanz hört jetzt sofort auf! Ihr beide werdet noch streiten, bis die Sonne aufgeht. Geschröpft wird in unserem Beisein auf keinen Fall, deshalb ergeht folgendes Angebot an Sie, Herr Baschen: Wir fahren Sie in die nächste Klinik mit einer Hals-Nasen-Ohren-Abteilung. Vielleicht ist ja beim Popeln ein kleines Blutgefäß kaputtgegangen – kann man in der HNO-Abteilung leicht feststellen. Also! Begleiten Sie uns in ein geeignetes Krankenhaus oder kommen Sie auf eigene Verantwortung allein klar?«

»Ich weiß nicht. Sebastian, was sagst du denn dazu?«, fragte Herr Baschen unsicher.

»Nein! Und noch mal nein!«, unterbrach ich den Nachbarn, bevor er überhaupt Luft holen konnte. »Ich habe *Sie* gefragt, Sie sind ja schließlich drei mal sieben Jahre alt. Ihre Entscheidung!«

Hein schüttelte schon jetzt den Kopf. Er wusste, wie es enden würde.

»Na ja, das Abbinden vom Ringfinger hat ja schon Wirkung gezeigt. Wissen Sie, ich glaube meinem Nachbarn. Außer mir eine Kompresse zu geben, haben Sie ja nicht viel für mich getan. Jetzt, wo es aufgehört hat zu bluten, kann man doch wahrscheinlich sogar auf das Schröpfen verzichten. Ich bleibe lieber hier«, antwortete unser Patient, allerdings ohne dabei einen sonderlich überzeugten Eindruck zu machen.

»Gut, dann sind wir weg! Beim nächsten Mal wenden Sie sich bitte zunächst an einen mittelalterlichen Bader Ihres Vertrauens.« Hein zog beleidigt von dannen.

»Sind Sie sicher, dass Sie uns nicht doch in eine HNO-Klinik begleiten möchten?«, fragte ich sicherheitshalber noch mal nach.

»Ja! Vollkommen sicher! Wer heilt, hat recht!«, wiederholte Herr Baschen, der die Gesamtsituation ganz offensichtlich so schnell wie möglich beenden wollte.

Hein, bereits an der Tür, blieb stehen, drehte den Kopf und fragte immer noch angefressen: »Kennen Sie eigentlich einen gewissen Herrn Herbst?«

Ein nach einem Zusammenhang suchendes »Ähh, nein!« beendete die Konversation mit unserem Patienten.

Sebastian konnte sich ein abschließendes »Baldrian wirkt übrigens gegen Erregungszustände!« nicht verkneifen, bevor Hein und ich die Einsatzstelle endgültig verließen.

Im Rettungswagen angelangt, meinte ich: »Mach dir nichts draus. Wir können nicht jedem helfen.«

Was Hein mit einem leidenden »Ich fühle mich geschröpft« sparsam kommentierte.

Die lästige Verwandtschaft

Wahre Liebe gibt es nur unter Brüdern

Über Sinn und Unsinn von Notrufen wurde schon viel geschrieben. Zusammenfassend kann man sagen: lieber einmal zu viel als einmal zu wenig. Notrufer befinden sich in einer Situation, die sich außerhalb ihres normalen Erfahrungsrahmens abspielt, und da sind Maßstäbe und Notwendigkeiten schon mal schwer abzuschätzen. Dass es hier und da zu unnötigen Alarmierungen des Rettungsdienstes kommt, ist ein offenes Geheimnis, und jeder Profi sollte damit umzugehen wissen.

Gründe, die zu einem Notruf führen, sind so vielfältig wie die Flora und Fauna im Amazonasdelta. Eine sehr grobe Einteilung kann man aber dennoch treffen:

1. Berechtigte Einsätze: Unfälle, die mit Verletzungen einhergehen, Herzinfarkte, Schlaganfälle, Vergiftungen etc. – der weitaus größte Teil.

2. Alarmierungen in gutem Glauben: Es ist zwar nichts passiert, zunächst sah die Welt jedoch ganz anders aus – kann passieren.

3. Alarmierungen ohne Patient: Es ist zwar etwas passiert, aber der Patient hat die Flucht ergriffen – kommt häufiger vor, als Sie denken.

4. Böswillige Alarmierungen: unpassende Partyscherze, nicht erklärbare Wut auf den Rettungsdienst etc. – so unnötig wie ein zweites Rektum am Ellbogen.

Ab und an gibt es Einsätze – oder sagen wir besser Ereignisse –, die nicht in diese Einteilung hineinpassen wollen. Merkwürdige Exoten, verrückte Mutationen oder krude Anomalien. Wie man sie auch immer nennen möchte, so recht beschreiben lassen sie sich nicht.

Aber urteilen Sie selbst:

Die Haustür war in Erwartung unseres Eintreffens nur angelehnt, was selten ein gutes Zeichen ist. Kaum hatten Hein und ich die Schwelle zum Inneren der Wohnung überschritten, befanden wir uns in einem anderen Universum. Normalerweise fällt es mir nicht schwer, meine Eindrücke einer äußeren Umgebung passend zu beschreiben, hier jedoch stieß ich an meine Grenzen. Tausende und Abertausende Figuren aus Überraschungseiern, Männchen aus Lego- und Playmobilbausätzen, winzige Plastiksoldaten und in Kunststoff gegossene Charaktere aus Action- und Abenteuerfilmen säumten unseren Weg.

Als wir die Diele betraten, blickten Captain Future, Asterix, Lucky Luke, Nemo und Arielle, die Meerjungfrau von einer Zarge auf uns herab. Ein Treppenaufgang war geziert von circa zwanzig mittelgroßen Miniaturen diverser Superhelden. Auf der dritten Stufe saß dann die erste Figur, mit der man mutmaßlich sogar sprechen konnte.

»Guten Tag, Rettungsdienst. Können wir Ihnen helfen?«, spulte Hein die Standarderöffnung eines guten Gesprächs ab.

Eine Antwort erhielt er zunächst nicht. Stattdessen verharrte der circa 40-jährige Mann sitzend auf der Treppe, das Gesicht in den Händen vergraben, und brabbelte unverständlich vor sich hin.

Während Hein sich bemühte, einen Dialog in Gang zu bringen, war ich immer noch von meinem Umfeld fasziniert. Die unzähligen Figuren erzählten anscheinend Geschichten beziehungsweise stellten Szenen nach, waren dabei aber skurril und ohne jeden erkennbaren Zusammenhang arrangiert. Beim Blick in die Küche überraschte mich eine moderne Lego-Polizeistation, die allerdings von Schlümpfen bevölkert wurde, die ihrerseits einem Angriff von Playmobil-Indianern Widerstand leisten mussten. Kleine hässliche Monster segelten in einem Piratenschiff – was aus den armen Freibeutern geworden war, wollte ich mir gar nicht vorstellen; wahrscheinlich hatte man sie gezwungen, im Keller mit Barbiepuppen zu kuscheln.

Einige der Figuren mochten ein Vermögen wert sein – Sammler zahlen schnell mal mehrere hundert Euro für den Inhalt eines Überraschungseis aus den 1980er-Jahren. Sammelleidenschaft als solche war mir schon immer suspekt, und spätestens seit dem Besuch dieses Panoptikums begegne ich Menschen, die von sich behaupten, zwanzigtausend verschiedene Bierdeckel, Kugelschreiber oder Telefonbücher zu besitzen, mit einem besonderen Argwohn.

Mir fiel auf, dass die meisten Figuren seit langer Zeit nicht bewegt worden waren, eine nicht zu übersehende Staubschicht hatte sie mit ihrem Untergrund verwachsen lassen. Obwohl hier offensichtlich nicht regelmäßig geputzt wurde, machte das Haus dennoch keinen verwahrlosten Eindruck – knüselig ja, unordentlich nein.

Hein hatte es inzwischen geschafft, die Aufmerksamkeit des Herrn auf der Treppe so weit zu erregen, dass dieser die Hände vom Gesicht nahm und damit zumindest ein Mindestmaß an Kommunikation möglich machte. Auf Fragen reagierte der Mann allerdings immer noch nicht. Stattdessen hielt er fast schon schluchzend einen theatralischen Monolog.

»Der verdammte Krebs ... der verdammte Krebs ...«, wiederholte er immer wieder. »Das geht so schnell. Der verdammte Krebs, diese gottverfluchte Seuche, und man kann gar nichts mehr tun. Dieser verdammte Krebs ...«

Krebserkrankungen sind meist kein akuter Notfall für den Rettungsdienst, es fehlen einfach sinnvolle präklinische Therapieansätze. Aber es gibt durchaus Berührungspunkte, zum Beispiel wenn eine schwierige Situation zu Hause nicht mehr zu handhaben ist oder ein Transport des Patienten in ein Krankenhaus notwendig wird.

»Leiden Sie an Krebs?«, fragte ich also möglichst einfühlsam. Der Mann schüttelte den Kopf.

Bis zu diesem Moment waren Hein und ich so auf den vermeintlichen Patienten vor uns auf der Treppe fixiert, dass uns der ältere Herr mit dem Rollator überhaupt nicht aufgefallen war. Von hinten rammte er mir das Gefährt mit der integrierten Sitzstufe unsanft in die Waden, was ich mit einem überraschten »Aua!« quittierte.

Aus Reflex trat ich einen Schritt zur Seite, und der Hochbetagte setzte seinen Weg aus der Küche in Richtung Wohnzimmer fort. Er würdigte uns keines Blickes. Keine Begrüßung, keine Fragen, keine Erklärung – einfach nichts. Leicht gekrümmt, auf seine Gehhilfe gestützt, folgte der Senior in Cordpantoffeln stur seinem Weg.

Während ich noch versuchte, die Situation einzuordnen, verfiel der Mann auf der Treppe erneut in sein Klagelied: »Der verdammte Krebs ... der verdammte Krebs ...«

Hein unterbrach ihn sanft: »War das Ihr Vater?« Ein Nicken. »Hat Ihr Vater Krebs?«

»Nein, der ist kerngesund und hat sieben Leben – Sternzeichen Katze!« Diese Antwort war zwar etwas merkwürdig und im Tonfall leicht enttäuscht, aber wenigstens sprach man jetzt mit uns.

Motiviert mischte ich mich ein: »Ja, guter Mann, ein wenig mehr Information brauchen wir schon. Wenn weder Sie noch Ihr Vater von einer Krebserkrankung betroffen sind, um wen geht es denn dann?«

»Um meinen ... um meinen kleinen lieben Bruder! Der arme Kerl liegt oben, von Tumoren und Metastasen zerfressen, in seinem alten Kinderzimmer und vegetiert vor sich hin«, kam die schluchzende, bittere Antwort.

Auch wenn Hein und ich gemeinsam über fünfzig Jahre Rettungsdienst vorzuweisen und beileibe alles Mögliche, Unmögliche und vieles dazwischen gesehen hatten, so machte uns die Aussage dennoch betroffen. Zu sterben ist das eine, dabei auch noch aufs Übelste zu leiden, ist eine ganz andere Sache.

»Vielleicht gehen wir gemeinsam zu Ihrem Bruder und schauen ihn uns mal an. Wir können gegebenenfalls einen Notarzt hinzuziehen, der etwas gegen die Schmerzen ausrichten kann und die Lage besser einzuschätzen weiß«, schlug Hein vor. »Palliativmedizin kann sowohl für den Betroffenen als auch für die Angehörigen eine echte Hilfe darstellen.«

»Wurde doch schon alles versucht«, gab der Mann auf der Treppe resigniert zurück. Dennoch erhob er sich und deutete uns mit einer flüchtigen Handbewegung an, ihm zu folgen.

Solange er auf der Treppe gesessen hatte, war es mir nicht aufgefallen, aber jetzt, in voller Größe und durch das Licht im Treppenhaus beschienen, wirkte der Gute etwas merkwürdig auf mich. Das Gesicht war für die Jahreszeit viel zu blass, als hätte die Haut seit Monaten keine Sonne mehr gesehen. Das Haar klebte fettig am Kopf, und der Bart war unregelmäßig getrimmt. Die Kleidung war viel zu groß, XXL-Klamotten auf knappe sechzig Kilogramm Lebendgewicht verteilt, und die Bewegungen des Mannes schienen extrem verlangsamt. Fast so, als ob der Aufstieg durchs Treppenhaus der Besteigung eines Achttausenders gleichkäme.

Über die Plastikfiguren, die auch im Treppenhaus nicht fehlten, will ich mich gar nicht weiter auslassen, außer vielleicht über Obelix, der dazu verdonnert war, am Hinterteil von Miss Piggy zu schnüffeln – aber vielleicht war dies auch nur eine passende Wildschweinassoziation, zu der mir einfach der geistige Zugang fehlte.

Im ersten Obergeschoss angelangt, verriet bereits die Tür zum ehemaligen Kinderzimmer, dass eine weitere Parallelwelt auf uns wartete. Wir blickten in die Mündung eines Revolvers, der zwar nur aufgeklebt war, in Kombination mit Verbotsschildern allerdings durchaus glaubhaft den Eindruck vermittelte, dass unbefugtes Eintreten Konsequenzen nach sich ziehen würde.

Als der Bruder des Todkranken die Tür ohne jedes Zögern, ohne anzuklopfen und ohne jede Vorsicht aufschlug, hielt ich automatisch die Luft an, und neben mir zuckte Hein zusammen. Doch nichts geschah. Statt angebrüllt oder beschossen zu werden, öffnete sich uns lediglich ein Wurmloch nach Mordor, in die dunkle Welt aus der *Herr der Ringe*-Trilogie.

»Du kannst nicht vorbei!«, zischte Hein mir mystisch zu, als ich, den Schrecken überwunden und von Neugierde übermannt, den ersten Schritt ins Zimmer setzte.

Die Minen von Moria waren ein Scheißdreck gegen diese Orkhöhle. Der dunkle Herrscher persönlich hatte dieses Zimmer eingerichtet. Ringgeister säumten die verdunkelten Fenster, Saruman, der böse Zauberer, hexte lebensgroß aus einer Ecke heraus, und besagter Sauron höchstpersönlich hing als Poster über dem Bett, eskortiert und bewacht von diversen mordlustigen Orks. Inmitten der ganzen Szenerie lag ein spärlich bekleideter Mensch im Bett, dem nach der Verzweiflung des Bruders zu schließen nur noch elbische Medizin helfen konnte.

Ich war gerade im Begriff, den immer noch Schlafenden behutsam zu wecken, als sein Bruder nochmals mitleiderregend zu uns sprach: »Schrecklich, oder? Wie er da liegt – so friedlich, und das, obwohl der Tod in ihm wütet. Bitte nehmen Sie ihn mit, dann ist uns allen geholfen!«

Den Moment, in dem der »kleine« kranke Bruder wach wurde, werde ich so schnell nicht vergessen.

Irgendetwas im Unterbewusstsein des Schlafenden hatte ihm wohl signalisiert, dass sich Unbefugte in Mordor aufhielten – er erschrak jedenfalls fast zu Tode. Da hätte es die Krebserkrankung zum Ableben gar nicht mehr gebraucht. Die Augen weit aufgerissen, schnellte sein Körper wie eine gespannte Feder los, und in weniger als einer Zehntelsekunde stand er aufrecht

neben dem Bett und brüllte gleichsam erschrocken wie angstein-
flößend: »Uuuaaaahhhhh!«

Das Geschrei löste Reaktionen aus. Hein nahm instinktiv
die Deckung hoch, und mein vegetatives Nervensystem ordnete
das Mark in meinen Knochen neu und ließ mich verängstigt in
die Hocke gehen. Lediglich der blasse Bruder bewahrte Haltung
und versuchte, mit einem ebenfalls gebrüllten »Beruhige dich!
Ich habe Hilfe geholt!« die Situation unter Kontrolle zu bringen.

Das Gegenteil war der Fall.

»Was soll die verfickte Scheiße? Wer sind diese Affen in roten
Hosen? Dreht dein Hirn eigentlich komplett frei, du Idiot?«,
herrschte der unsanft Aufgeweckte seinen Bruder an.

Um ehrlich zu sein: Einen todkranken Eindruck machte der
Kerl nicht auf mich. Volles Haar, gesunder Teint, normale bis
gute Muskulatur, laute Stimme, vielleicht ein kleiner Bauchan-
satz. Klinisch auf den ersten Blick alles in bester Ordnung.

»Guten Tag oder auch guten Morgen – ganz wie Sie wollen«,
griff Hein lautstark in den Dialog ein. »Ihr Bruder hat aufgrund
Ihres Leidens den Rettungsdienst gerufen. Können wir Ihnen
helfen?«

»Rettungsdienst?! Ich glaube es nicht! Die nächste Stufe
der Eskalation. Was hat der verdammte Schnösel Ihnen erzählt?
Dass ich todkrank bin? Hämorrhagisches Fieber habe? Von Bak-
terien zerfressen werde?«, ereiferte sich der Mann in Unterhosen lebhaft.

»Krebs«, antwortete ich leise.

»Ah, Krebs! Ganz was Neues.« Der Aufgeweckte schnaubte
wütend. »Sie werden hier nicht gebraucht, ich bin vollkommen
gesund. Zu Ihrer Information: Unser Hausarzt war schon zwei

Mal hier, weil ich angeblich Ebola habe, der ärztliche Notdienst musste anrollen wegen Tuberkulose. Und jetzt Sie wegen Krebs – welchen habe ich denn? Lungenkrebs? Ich bin noch nicht mal Raucher!«

Der Blasse gab ein wimmerndes Geräusch von sich, streckte seinen Arm aus und deutete auf die Leibesmitte seines Bruders. »Sehen Sie denn nicht seinen aufgeschwemmten Bauch?«, fragte er anklagend. »Das ist doch Leberkrebs oder ein Bauchspeicheldrüsenkarzinom! Das sieht doch ein Blinder!«

»Du bist gleich blind – wenn ich dir die Augen blau gehauen habe!« Der Gesunde schwang die Fäuste, und auch wenn diese Geste nicht mir galt, trat ich dennoch ein paar prophylaktische Schritte rückwärts. »Neulich war die Krankenkasse hier, um meine Pflegestufe einzuschätzen. Mein Bruder ist total bescheuert, ich weiß nicht, warum er ständig das Gesundheitssystem belästigt. Ich wohne nur alle zwei Wochen hier, für drei Tage, den Rest bin ich auf Montage. Doch scheinbar störe ich ihn! Wobei auch immer! Nutten? LAN-Partys? Was weiß ich! Er will mich loswerden. Aber keine Sorge. Diesmal sind Sie nicht umsonst gekommen!« Mit diesen Worten ging der vermeintlich Todkranke auf seinen Bruder los.

Es war ein kurzer, ungleicher Kampf. Drei bis vier schnelle Schellen, da waren die Bäckchen auch schon rot. Es folgte ein gekonnter Schwitzkasten, der offensichtlich eine tiefe Bewusstlosigkeit des Opfers zum Ziel hatte.

An dieser Stelle gingen Hein und ich dazwischen.

»Nun lassen Sie den armen Kerl schon am Leben!«, versuchte ich verbal zu beschwichtigen, während Hein sich gleichzeitig darum bemühte, den Würgegriff zu öffnen. »Ich kann ja verstehen, dass Sie sich aufregen. Es ist auch gar nicht so wichtig, dass wir wirklich jemanden transportieren. Wenn es allen gut geht, sind wir schon zufrieden – wirklich, wir müssen nicht zwingend jemanden mitnehmen. Bitte lassen Sie Ihren Bruder los ...«

Nach einer allgemeinen Beruhigungsphase inklusive Aufklärungsgespräch über den Sinn und Unsinn von Notrufen verließen wir irgendwann die Einsatzstelle. Die wirkliche Motivation für die Alarmierung konnte nie geklärt werden. Warum der eine Bruder dem anderen nacheinander das gesamte Gesundheitssystem auf den Hals hetzte, weiß nur der liebe Gott.

Aber jetzt sind Sie als Leser an der Reihe. Ordnen Sie diesen Einsatz doch bitte einer der oben genannten Kategorien zu ... Ich gebe zu, mir gelingt es auch nicht wirklich. Aber vielleicht muss man auch nicht immer alles einordnen. Vielleicht sind solche Einsätze einfach nur das Salz in der manchmal skurrilen Rettungsdienstsuppe.

Unfälle passieren nicht

– sie werden verursacht

Ein Unfall liegt vor, wenn die versicherte Person durch ein plötzlich von außen auf ihren Körper wirkendes Ereignis unfreiwillig eine Gesundheitsschädigung erleidet. Die Unfreiwilligkeit wird bis zum Beweis des Gegenteils vermutet.

§ 178 Absatz 2, Satz 2 Versicherungsvertragsgesetz

Sonntage auf Feuer- und Rettungswachen folgen ganz eigenen Regeln. Am Tag des Herrn findet, abgesehen von Einsätzen, meist kein Arbeits- und Ausbildungsdienst statt, stattdessen geht es um die Pflege der Kameradschaft und darum, gemeinsam eine gute Zeit im Dienst zu verbringen.

Daher sind Sonntage eine gute Gelegenheit, zwischenmenschliche Bindungen aufzubauen, die im alltäglichen Dienstbetrieb sehr wertvoll sind, wofür im Tagesgeschäft aber oft die Zeit fehlt. Menschen arbeiten einfach harmonischer und effektiver zusammen, wenn sie sich kennen. Auf meiner Wache steht deshalb sonntags ein gemeinsames Frühstück auf dem Programm, welches durch den »Tag zum Erhalt der deutschen Sprache« flankiert wird.

Dieses sonntägliche Ritual füllt die Kameradschaftskasse, weil jeder Anglizismus, jedes Fremdwort und jedes nachweislich nicht deutschstämmige Wort mit 10 Cent geahndet wird. Jene kleine finanzielle Sanktion führt dazu, dass in meiner

Wachabteilung zur Weihnachtsfeier neben Rebhuhn in Trüffelsoße auch kiloweise Koks und Nutten auflaufen könnten – wenn wir es denn wollten ... Mit anderen Worten: Wir sind finanziell gut ausgestattet und können uns aufgrund mangelnder muttersprachlicher Kenntnisse auch mal eine Extrawurst genehmigen.

Das ausgedehnte Frühstück beginnt meist gegen zehn Uhr und zieht sich gern bis dreizehn Uhr hin, in Ausnahmefällen auch länger. Zwei oder drei Kollegen bereiten alles vor und wollen dabei nicht gestört sein, weshalb die Küche bis zum offiziellen Beginn des Frühstücks zum Sperrgebiet erklärt wird.

Hein und ich genießen die Zeit bis zum Anfuttern meist im Fernsehraum unserer Wache und lassen uns von sinnbefreiten Dokumentationen berieseln. Wurden früher wenigstens noch U-Boot-Kommandanten oder die Erbauer riesiger Hängebrücken mit der Kamera begleitet, so muss man sich heutzutage mit wahnsinnigen Besitzern von Pfandhäusern beziehungsweise untalentierten Konstrukteuren von Baumhäusern oder Swimmingpools abgeben, aber was soll's – sonntagmorgens ist einfach nicht die Zeit, um beim Fernsehen auch noch mitzudenken.

Als wir an diesem Morgen den Fernsehraum betraten, mussten wir allerdings feststellen, dass unser Kollege Peter uns zuvorgekommen war und das Programm bereits ausgewählt hatte. Wer zuerst kommt, mahlt zuerst, und so blieb uns nichts anderes übrig, als uns mit dem *Alpenpanorama* des Bayerischen Rundfunks anzufreunden.

Für den Fall, dass Ihnen dieser Höhepunkt der modernen Fernsehunterhaltung bislang verborgen geblieben ist: Es handelt sich um aufeinanderfolgende Panoramabilder aus Bayern, Österreich und Südtirol. Atemberaubende Gebirgswelten inklusive der eingeblendeten Höhenmeter, Windrichtungen, Temperaturen und Schneehöhen. Das Ganze untermalt von stimmungsvoller traditioneller Volksmusik aus dem alpenländischen Raum.

Auf das Nassfeld auf 1.930 Metern folgte Kaprun auf 2.605 Metern, dann Zell am See, Dorfgastein, Werfenweng und Zauchensee. In Obertauern, spätestens aber in Schladming auf 1.902 Metern spürte ich, wie meine Vitalfunktionen langsam nachließen. Der Puls verlangsamte sich, die Atemfrequenz sank, und mein Bewusstsein sackte unter die Einhundert-Prozent-Marke.

Seit circa fünfzehn Minuten wurden wir nun eingelullt. Gedanklich wollte ich zur Fernbedienung greifen und umschalten, war dazu jedoch schon gar nicht mehr in der Lage. Am Neusiedler See auf 121 Metern lag ich paralysiert im Sessel, und Oberstdorf im Allgäu erlebte ich gar nicht mehr.

Aus meiner Sicht kann man das *Alpenpanorama* im Morgenprogramm ohne Übertreibung auch als aktive Sterbehilfe bezeichnen. Es ist ein sanftes Einschläfern bis zum völligen Erlöschen der Kreislauffunktionen, durchaus human, aber dennoch derzeit in Deutschland vollkommen illegal. Gerade Kinder und Senioren sollte man diese Sendung nicht zu lange und keinesfalls unbeaufsichtigt schauen lassen.

Mein Leben rettete an diesem Sonntag Leo, der mit den Worten »Frühstück ist fertig. Die Baguettes warten. Scheiße. Die ersten zehn Cent« in den Fernsehraum platzte.

Hein, der ebenfalls bewusstlos im Sessel hing, und ich schreckten auf, verdauten kurz unser gemeinsames Nahtoderlebnis und begaben uns dann auf direktem Weg zum überaus reichhaltigen Frühstücksbuffet.

Früher gab es verschiedene Brötchen, bis Kollege Markus eines Tages festgestellt hatte, dass Baguettes für die Kameradschaftskasse viel förderlicher waren. Die Dinger waren nicht nur billiger im Einkauf, das aus dem Französischen stammende Wort brachte außerdem bei jeder Nennung zusätzliches Geld in die Kasse. Die deutsche Umschreibung »Weißbrotstange« geht nur schwer über die Lippen, und »gebratener Speck« ist ebenfalls viel umständlicher als das englische »Bacon«. Richtig teuer wird so ein Sonntag, wenn man zufällig und in Gedanken verloren einen Ohrwurm anstimmt, der nicht in deutscher Sprache gesungen wird. Für den Refrain von *One Night in Bangkok* sind dann schnell mal 4,40 Euro fällig.

Die nächsten Stunden waren der Nahrungsaufnahme und dem fast schon boshaften Abkassieren der Kollegen gewidmet – natürlich immer im Sinne der Kameradschaftskasse. Wer nach Jahren dieses Rituals immer noch »Baguette« statt »Weißbrotstange« sagte, wurde natürlich zu Recht bestraft. Aber auch die Höflichkeitsfloskel »Guten Appetit!« kostete zehn Cent. Ein einfaches »Guten Hunger!« hätte schließlich gereicht.

Man wundert sich, wie teuer der ganz normale Sprachgebrauch werden kann. Irgendwann denkt man wieder, bevor man spricht – übrigens ganz allgemein gar keine schlechte Idee. Das »Display« wird zur »elektronischen Anzeige«, der »Ketchup« zur »tomatenhaltigen flüssigen Würzmischung« und so weiter. Der Kreativität sind da keinerlei muttersprachliche Grenzen gesetzt.

Nachdem das ausgedehnte Sonntagsfrühstück bereits 5,70 Euro eingebracht hatte, zogen es einige Kollegen vor, sich zurückzuziehen und die Konversation komplett einzustellen. Hein und ich schlurften in den Fernsehraum zurück. Auf uns wartete schließlich noch die eben in einer Werbepause angekündigte Dokumentation über die idiotischsten Unfälle, und wir waren uns beide sicher, dass man dabei nicht viel sprechen musste.

Ein mir vollständig unbekannter Moderator versuchte, in dramatischen Worten Spannung aufzubauen, dabei verriet bereits die Thematik der Sendung, was passieren würde. Das Kind fällt von der Schaukel, der Hai beißt ins Surfbrett, und der Bräutigam unterschätzt die Zentrifugalkraft und schmeißt die dralle Braut in die Hochzeitstorte. Ein wenig erinnerte das Format an die *Sesamstraße* in den 1980ern. Dort gab es die schöne sich wiederholende Reihe *Was passiert dann?*. Heute wird kindliche Logik mit Schadenfreude und ein wenig Wissenschaft gekreuzt, und raus kommt eine neue Sendung in einem TV-Sender der zweiten oder dritten Garde. Nicht dass die Sache keinen Unterhaltungswert gehabt hätte, aber die Dokumentation über die idiotischsten Unfälle wäre auch als harmlose Pannenshow passend beschrieben gewesen.

Gerade wollte ich mit Hein eine Diskussion über die Definition von Unfällen vom Zaun brechen, als Markus unverhofft hereinplatzte.

»Spezialauftrag!«, sprach er bedeutungsschwanger, was Hein mit einem »›Spezialauftrag‹ ist kein deutsches Wort – ›Sonderaufgabe‹ hätte gereicht. Macht dann zehn Cent« nüchtern kommentierte.

»Mir doch egal, die zahle ich gern! Hauptsache mal raus hier, Sonntage in der Ferienzeit sind der reinste Horror, in jeder Seniorenresidenz ist mehr los«, antwortete Markus trotzig.

»›Horror‹ stammt aus dem Lateinischen und über ›Seniorenresidenz‹ brauchen wir wohl nicht zu diskutieren. Macht noch mal zwanzig Cent. Aber was ist eigentlich los?«, fragte Hein mit der Präzision eines Schweizer Inkassounternehmens. »Für ›diskutieren‹ zahlst schon mal du zehn Cent. Aber davon abgesehen sollen wir kurz die Löschwassereinspeisung in einer Schule kontrollieren. Da haben wohl Arbeiten stattgefunden, die morgen durch den vorbeugenden Brandschutz abgenommen werden sollen, und man will keine bösen Überraschungen erleben. Kurze Nummer für uns. Zwei oder drei Schläuche schmeißen, Wasser drauf und gucken, ob oben was rauskommt. In einer halben Stunde sind wir zurück.« Markus klang euphorisch. Es war schwer zu entscheiden, worüber sich unser Zugführer mehr freute. Über die Tatsache, Hein zehn Cent Strafgebühr eingebrockt zu haben, oder über die Gelegenheit, die Wache für eine Weile zu verlassen und den Sonnenschein und das Treiben der Stadt zu genießen.

Nachdem beide Kollegen das Sparschwein ordnungsgemäß gefüttert hatten, verließ wenige Minuten später ein Löschfahrzeug mit fünf Mann Besatzung die Wache, um am heiligen Sonntag die löschtechnischen Einbauten einer Schule zu kontrollieren. Weil Hein enttäuscht darüber war, dass er nun die Dokumentation über idiotische Unfälle verpasste, sah ich mich genötigt, ihn zumindest thematisch passend zu trösten.

»Sieh es mal so, wir erleben so häufig Unfälle – da müssen wir uns das Zeug nicht auch noch im Fernsehen reinziehen. Und oft genug passieren uns selbst Unfälle im Dienst. Da werden Außenspiegel an der Torausfahrt abgefahren, Kollegen stürzen den Gleitschacht hinunter, oder kleine zarte Sanitäterfinger werden in Schiebetüren von Rettungswagen zerquetscht – meist nur Bagatellen, aber du weißt selbst, wie lästig das Verfassen von Unfallmeldungen ist.«

Hein nickte einsichtig, als das Löschfahrzeug zum Stehen kam. »Du hast recht! Ich hab genug mit Unfällen zu tun – ich hab sogar Kollegen, die kann man als Unfall bezeichnen ...« Mit diesen Worten warf er die Tür vom Mannschaftsraum des Löschfahrzeugs auf, und im gleichen Augenblick raste ein Rennradfahrer um Schamhaaresbreite an der geöffneten Türe vorbei. Es folgte einer der seltenen sprachlosen Momente in Heins Dasein, und während in der Ferne die Flüche des Rennradfahrers verhallten, nahm Heins Gesicht wieder Farbe an. Alle stiegen nun mit besonderer Vorsicht aus, und Hein entfuhr ein dankbares »Hui!«.

Auch Markus rief: »Hui!«, allerdings in einer völlig anderen Tonlage. »So viel zum Thema Unfälle – das war knapp! Unsere Portion Glück dürfte für heute verbraucht sein – rollt zwei B-Schläuche zur Löschwassereinspeisung aus, Wasser drauf, ich gehe hoch und kontrolliere die oberste Wasserentnahmestelle.« Mit diesen Worten verschwand er in Richtung Haupteingang der Schule.

Da die ganze Sache ja kein wirklicher Einsatz war und außerdem sommerliche Temperaturen herrschten, reduzierten wir die persönliche Schutzausrüstung auf Stiefel, Hose und T-Shirt. Der Maschinist brachte die Pumpe in Gang, ich stellte ein paar orange-weiße Verkehrsleitkegel auf, um die nächsten Radfahrer auf uns aufmerksam zu machen, und Hein rollte die besagten B-Schläuche aus.

Das Geräusch, das er von sich gab, als die Metallkupplung am Schlauchende auf seiner Stirn einschlug, kann ich beim besten Willen nicht beschreiben. Eigentlich kann man auch den genauen Unfallhergang nicht beschreiben, aber ich will es trotzdem versuchen.

Hein vollzog den typischen Bewegungsablauf, mit dem ein Feuerwehrschlauch im ungefüllten Zustand ausgerollt wird. Er hatte nichts falsch gemacht, er hatte bloß einen schlecht aufgerollten Schlauch erwischt. Soll heißen: Die Enden mit den Metallkupplungen lagen nicht dicht genug beieinander. Eines von zwei Schlauchenden stand circa einen halben Meter über, und genau dieses Schlauchende hatte nun beim Schwungholen eine der Parabel nicht unähnliche Flugbahn eingeschlagen. Hein wurde quasi von hinten rechts überholt. Ungebremst und unerwartet konnte die Kupplung knapp unterhalb von Heins Haaransatz ihre ganze kinetische Energie entfalten.

Wie war das noch gleich mit der Definition eines Unfalls: Ein Unfall liegt vor, wenn die versicherte Person durch ein plötzlich von außen auf ihren Körper wirkendes Ereignis unfreiwillig eine Gesundheitsschädigung erleidet. Die Unfreiwilligkeit wird bis zum Beweis des Gegenteils vermutet.

Wie dem auch sei, die rote Suppe lief meinem Lieblingskollegen großflächig am Körper hinab. Aber nicht, dass Sie als Leser glauben, wir wären Hein sofort zu Hilfe geeilt. Weit gefehlt, zunächst haben sich alle Anwesenden erst mal den Helm angezogen – schließlich soll man aus Fehlern von anderen lernen.

Als Markus zurückkehrte, war er nicht mal überrascht, sondern lediglich auf die Formulierung der Unfallmeldung gespannt. Während wir ihm die Details schilderten, lief im Radio der Refrain von *One night in Bangkok*: »One night in Bangkok makes a hard man humble / Not much between despair and ecstasy / One night in Bangkok and the tough guys tumble ...«

Man(n) braucht auch mal Urlaub

Hein und ich auf großer Fahrt

Prost. Hein und ich stießen unsere Gläser aneinander und nahmen einen großen Schluck. Nach langjähriger Zusammenarbeit war eine Freundschaft entstanden, die wir gelegentlich mit einem Glas Kölsch vertieften. Zu dieser schönen Tradition gehörte es auch, dass wir immer wieder Lokale aufsuchten, in denen wir zuvor schon mal dienstlich tätig waren. Es ist einfach ein schöner Kontrast, wenn man nach Alkoholvergiftungen, Beziehungsdramen oder gar Körperverletzungen mal das ganz normale Leben in einer Kneipe erfahren darf. Überspitzt könnte man formulieren: Die Retter kehren an den Tatort zurück, um sich von der Resilienz des Alltags zu überzeugen.

Im Zum Blasierten hatten Hein und ich sowohl dienstlich als auch privat schon einige Stunden verbracht.

Heute, beim dritten Kölsch, erregten Inschriften in einem alten dunklen Holztisch Heins und meine Aufmerksamkeit. Mit etwas Mühe waren Liebesschwüre in englischer Sprache wie »Ulla loves Franz« zu entziffern.

»Warum machen Menschen so was?«, fragte Hein. »Ein Kneipentisch ist doch keine alte Eiche auf einer romantischen Waldlichtung.«

Ich wollte gerade mit »Keine Ahnung« antworten, als ich unerwartet unterbrochen wurde.

»Was ist denn mit denen da?«, ließ ein Mitglied des wöchentlichen Segelstammtischs verlauten und deutete unmissverständlich auf unseren Tisch. »Körperlich würden die beiden doch durchaus ins Beuteschema passen.«

»Was heißt denn hier Beuteschema? Du perverse Figur«, konterte Hein sofort leicht angegriffen.

»Nein, nicht, was du meinst! Sorry – das klang jetzt missverständlich.« Einer der Segelfreunde hob entschuldigend die Hände und erklärte sogleich: »Uns fehlen zwei Jungs, die mit uns segeln fahren. Wir haben uns zu einer Regatta angemeldet. Die Marmaris Raceweek in der Türkei im kommenden Herbst, aber zwei unserer Segelfreunde sind kurzfristig abgesprungen. Jetzt suchen wir Ersatz – ihr müsst auch nicht wirklich segeln können. Kurbel beziehungsweise Winsch drehen reicht, den Rest bringen wir euch noch bei. Boot ist bezahlt, im Prinzip kostet euch der Spaß nur den Flug.«

In Anbetracht dieses Angebots hatte Hein sich schnell wieder beruhigt, dennoch baten wir uns etwas Bedenkzeit aus. Eine Viertelstunde später stand die Entscheidung fest. Man muss im Leben auch mal Dinge spontan wagen.

»Ja, sicher kommen wir mit – wird bestimmt lustig!«, rief Hein zum Nebentisch, und wir wechselten unseren Sitzplatz in Richtung der Segler, um Details zu klären.

Prost!

Die nächsten zwei Monate stand einmal pro Woche »Segeltheorie mit Kölsch« auf Heins und meinem Stundenplan. Mit der Zeit gingen Begriffe wie Klampe, Bilge und Fender in unseren normalen Sprachgebrauch über. Doch trotz dieser bemerkenswerten Fortschritte gab es auch Momente des Zweifels. In erster Linie wegen der etwas heterogenen Zusammensetzung der Crew.

Da waren zwei Kerle namens Bernd und Alex, die zwar Erfahrung hatten, die Sache aber nicht allzu ernst nahmen. Hein und mich, die gerade mal den Bug vom Heck unterscheiden konnten, sowie zwei bärbeißige Segelbrüder: Gerd, unser Kapitän, und sein erster Offizier Daniel, die zumindest schon gedanklich bei schlechtem Wetter auf einer Luftmatratze in T-Shirt, kurzer Hose und Lederslippern Kap Hoorn umrundet hatten. Bei beiden war ich mir nicht ganz sicher, ob wir nicht nur als notwendiges Übel mitgeführt wurden und bei der ersten sich bietenden Gelegenheit über Bord gehen würden.

Irgendwann war für Zweifel jedoch keine Zeit mehr und der Abreisetag gekommen, also auf ins Abenteuer.

Nachdem wir Flüge und einen mehrstündigen Bustransfer überstanden hatten, erreichten wir am späten Nachmittag den Jachthafen von Marmaris. Hein kämpfte aufgrund der Fahrt noch ein wenig mit seinen Vitalfunktionen, doch die allgemeine Stimmung konnte, abgesehen davon, durchaus als euphorisch bezeichnet werden.

Während Gerd und Daniel sich zum Hafenmeister aufmachten, um Formalitäten zu klären, gingen Bernd und Alex im Supermarkt Verpflegung für die gesamte Woche einkaufen. Hein und ich bewachten derweil unser Gepäck und genossen den Anblick der Segelboote in der Marina.

Nachdem am Abend alles geregelt war, lud der Kapitän zu einer ersten Lagebesprechung auf die Sitzgelegenheiten rund ums Steuerrad.

»Damit eines ganz klar ist: Das hier ist kein Urlaubstrip! Das hier ist eine Woche Segelsport – wir sind hier, um Rennen zu fahren und zu gewinnen!«, begann Gerd einen circa viertelstündigen Motivationsmonolog. »Wir sind zu schwer, das sehe ich jetzt schon! Das ganze Gepäck und die gefühlten sieben Hektoliter Bier, die gerade gebunkert wurden, fliegen zu den Rennen wieder raus. Wir können das Zeug hier am Steg deponieren. Wer eine volle Zahnpastatube dabei hat, der kann die schon mal halb ausdrücken – es zählt jedes Kilo. Vor den Rennen wird auf Toilette gegangen – es wird ausgeschissen gesegelt.«

Na dann ...

Am nächsten Morgen hatte die aufgehende Sonne den Tag noch nicht richtig begrüßt, da warf Daniel uns in seiner Funktion als Erster Offizier auch schon aus den Kojen. »Raus aus den Federn, ihr verdammten Landratten!«, brüllte er. »Waschen, anziehen und dann angepackt!«

Wie angekündigt, musste das Boot wieder ausgeladen werden. Gepäck, Bier und sogar überflüssige Möbel wurden gemeinsam auf den Steg gehievt.

»Wir laden den Kahn jetzt jeden Tag morgens leer und abends wieder voll?«, fragte Hein ungläubig, was Bernd mit einem knappen »So sieht's aus. Jedes Kilo zählt« beantwortete.

Eine halbe Stunde später verließ unser Boot, das den Namen PRINCESS trug, die Marina. Der Anblick, der sich uns bei der Ausfahrt aus dem Hafen bot, war schon beeindruckend. In der riesigen vorgelagerten Bucht von Marmaris segelten unzählige Boote, deren Besatzungen alle bereits für die anstehenden Rennen trainierten. Bunte Segel flogen vorbei, Spinnaker wurden gesetzt und wieder eingeholt, Menschen schrien und brüllten, und für mich und Hein wurde es ernst.

Gerd gab noch letzte Instruktionen, dann warf er unsere Beneteau 40.7 in den Wind. Nun hieß es, die Kneipentheorie in die Praxis umzusetzen. Hein und ich hatten größte Mühe, die Leinen auseinanderzuhalten, unfallfrei zwischen Backbord und Steuerbord zu wechseln, ohne vom Baum erschlagen zu werden, und mehr oder weniger gleichzeitig auch noch die Winsch zu drehen, um die Segel zu trimmen. Im Prinzip segelten wir immer wieder ein durch Bojen markiertes Dreieck, das ich zwar nicht als solches erkannte, aber was spielte das schon für eine Rolle? Nachdem sich die Abläufe ein wenig eingespielt hatten, begann die Sache, Spaß zu machen, und ich entwickelte sogar so etwas wie Ehrgeiz.

Nach Stunden des Trainings kehrten wir erschöpft in den Hafen zurück und trafen uns in einem nahe gelegenen Restaurant, in dem man Gerd und Daniel als alte Freunde begrüßte. Wir bekamen den besten Tisch, und Gerd begann mit seiner Lageeinschätzung. Der Monolog, der auch während der Vorspeise nicht abriss, ist schnell zusammengefasst: »Da war im Prinzip schon sehr viel Schönes dran, aber wir müssen noch viel leichter und noch viel schneller werden.«

Als der Abend zum feuchtfröhlichen Teil überschwenkte, rückte die Kombination von Wasser und Anisschnaps, wegen der Färbung auch als »Löwenmilch« bezeichnet, in den Fokus unserer Aufmerksamkeit. Kurz vor dem endgültigen Verlust der Muttersprache befahl der Kapitän die letzte Runde; schließlich stand morgen der zweite Trainingstag auf dem Programm.

Der ein oder andere hatte sich mit Löwenmilch geringfügig die Spur verstellt, und leicht schwankend bewegte sich unser Grüppchen in Richtung Hafen, als Hein wenig später das erste ernst zu nehmende Missgeschick ereilte. Beim Betreten der PRINCESS überschätzte er seine Schrittlänge, was dazu führte, dass er sein linkes Bein zwischen Boot und Holzsteg einfädelte. Allgemeine Schadenfreude begleitete den anschließenden Sturz ins trübe Hafenbecken. Wie wir ihn aus dem Wasser bekamen, ohne dass jemand ertrank, ist mir bis heute ein Rätsel. Irgendwie gelang es uns jedenfalls, und nach einer kurzen fachmännischen Begutachtung war auch klar, dass sich Hein außer einer Prellung des rechten Brustkorbs nichts Schlimmeres getan hatte.

Allerdings zweifelte Gerd zum ersten Mal öffentlich an der Zusammensetzung seiner Crew.»O Gott! Der kann ja nicht mal mehr gerade laufen, wie will der dann morgen segeln?«, nörgelte er skeptisch, bevor er sich im Salon des Bootes selbst noch eine letzte tröstende Löwenmilch genehmigte.

Obwohl die Prellung schmerzhaft sein musste, riss Hein sich zusammen, und der zweite Trainingstag verlief im Wesentlichen wie der erste. Unsanftes Wecken, Boot leer räumen – diesmal wurden aus Gewichtsgründen sogar die Türen der Kojen ausgehängt – und Dreiecke segeln in der Bucht von Marmaris.

Hein und mich erwartete allerdings noch ein besonderes Zückerchen. Wir waren auserkoren, bei den anstehenden Rennen bei Bedarf den riesigen Spinnaker, das bauchige Vorsegel, zu hissen, und das hieß besonderes Training. Nach dem gefühlt sechsundsiebzigsten Versuch gelang es schon ganz gut. Gerd, der Kapitän, nickte zufrieden.

Der Clou bei der ganzen Sache: Unser Spinnaker befand sich nicht mehr in seinem Transportsack, sondern lag bereits in unserer Bugkajüte ausgebreitet und konnte somit direkt durch eine Dachluke gehisst werden. Dadurch sparten wir nicht nur Zeit, sondern verminderten gleichzeitig die Gefahr, dass sich das Segel beim Hochziehen verdrehte. Die gesamte Crew war auf diesen Einfall stolz wie Christoph Kolumbus und Vasco da Gama zusammen.

Der Abend verlief ähnlich wie der vorherige. Ansprache mit Lob und Tadel vom Kapitän, lecker Essen, lokale Alkoholika und dann zeitig ins Bett. Morgen wurde es ernst!

Nachts war ich es dann, der Gerd Zweifel an seiner Crew kommen ließ. Eine gewisse Nervosität vor dem ersten Rennen konnte ich nicht abstreiten, was leider mein Schlafverhalten negativ beeinflusste. Stundenlang wälzte ich mich hin und her, bis mich der Gott der Träume gegen zwei Uhr endlich in sein Reich aufnahm. Es war mir nicht vergönnt, lange dort zu verweilen ...

Irgendetwas baumelte an meinem linken Fuß. Um für Ruhe zu sorgen, versuchte mein rechter Fuß die Sache zu regeln, wobei sich etwas in einen Zehenzwischenraum einfädelte, was mich wiederum völlig um den Verstand brachte. Meine Zehen griffen zu, dann brach die Hölle los.

Erst war da nur ein lautes Strömen, dann griff etwas nach meinen Beinen und versuchte, sie einzuschnüren. Ich begann zu strampeln, was Hein aufweckte. Auch er hörte jetzt das Strömungsgeräusch.

»Wassereinbruch – wir sinken!«, brüllte er der Panik nah in die Dunkelheit der Koje. Unterdessen wurde das Ding an meinen

Beinen größer und größer und forderte immer mehr Raum, was jetzt auch mich panisch werden ließ. Hein rief so laut er konnte: »Mayday – Mayday – Mayday.«

Irgendwann öffnete sich die Tür der Koje. Die Szenerie, die sich der restlichen Crew bot, muss lächerlich gewesen sein. Zwei erwachsene Männer in Unterhosen, halb in Bettlaken gefesselt, auf dem Boden einer Schiffskoje liegend. Die Blicke der anderen waren auch ohne die devote Lage erniedrigend, als Hein stammelte: »Jörg hat den Stöpsel gezogen – ich glaube, wir sinken.«

Es war Daniel, der schließlich das Wort ergriff: »Nein, wir sinken nicht, und Jörg hat auch keinen Stöpsel gezogen! Stattdessen hat er sich eine automatisch aufblasbare Schwimmweste um die Beine gewickelt.«

»Vielleicht können wir die beiden als Bootsfender einsetzen, für mehr reicht es nicht! Ich will eine neue Mannschaft«, gab Gerd von sich und ging, um sich eine Löwenmilch zu genehmigen.

In Ermangelung neuer Crewmitglieder blieb unserem Kapitän allerdings nichts anderes übrig, als mit der bisherigen Konstellation vorliebzunehmen. Obwohl sich nach meiner nächtlichen Eskapade niemand wirklich ausgeschlafen fühlte, segelten wir ein paar manierliche Dreiecke und landeten am Ende des Tages im oberen Mittelfeld.

Gerd war zwar nicht glücklich, aber immerhin zufrieden. Sich wiederholend, erklärte er: »So Männer, da war schon sehr viel Schönes dran. Besser werden kann man immer, und das machen wir morgen! Da will ich unter die ersten zehn. Damit wir uns da klar verstehen – heute Abend keinen Alkohol, nur leichtes Essen, Nachtruhe ab einundzwanzig Uhr, und zwar ohne nächtliche Notfallübung! Und morgen dann Vollgas!«

Um es kurz zu machen: Nicht alle hielten sich an das verhängte Alkoholverbot, und Alex und Bernd waren beim Rennen am nächsten Tag in der Umsetzung von Segelkommandos extrem verlangsamt und noch gegen Mittag kaum Herr der eigenen Motorik. Offiziell wurden wir Vorletzter.

Gerd war außer sich, er fluchte und brüllte, faselte etwas von einer schwimmenden Kneipe und Pokalen, die er mit nach Hause bringen müsse, und dass keiner von uns in der christlichen Seefahrt etwas verloren hätte.

Zum Abend hin hatte er sich etwas beruhigt. »So Männer, heute Abend ist Captains-Dinner. Alle Teams treffen sich im Grand Hotel. Ich erwarte Benehmen, Zurückhaltung und Anstand. Ich brauche ja nicht extra zu erwähnen, dass morgen beim Offshore-Race unsere letzte Chance auf einen Platz auf dem Treppchen besteht«, erklärte er mit ernster Miene, bevor wir uns alle möglichst chic auf den Weg machten.

Die Lokalität war atemberaubend. Man hatte den Ballsaal als riesiges Segelschiff dekoriert, und jeder von uns fand etwas, das ihn begeisterte. Hein und Bernd freundeten sich mit einer Crew an, die nur aus schwedischen Damen bestand, Gerd und Daniel bewunderten etwas wehmütig die Pyramide aus Pokalen, und Alex und ich pflügten durchs Buffet, das man passenderweise in einem alten Rettungsboot arrangiert hatte.

»Boah, Alter! Du musst diesen Wurstsalat probieren«, frohlockte Alex und schaufelte mir sogleich eine ordentliche Portion auf den Teller. »Du musst! So was Geiles habe ich noch nie gegessen!«

Der Wurstsalat war wirklich hervorragend, aber irgendwann wird selbst das opulenteste Buffet langweilig, und so gesellten wir uns zu Bernd und Hein und acht schnuckeligen Schwedinnen.

Die Party nahm ihren Lauf – Bier, Löwenmilch und Champagner flossen in Strömen, Pokale wurden unter großem Jubel verliehen, und selbst Gerd und Daniel gaben sich irgendwann dem Trubel hin, wenn auch weniger aus Begeisterung als vielmehr aus Frust über ihre im Segeln nur eingeschränkt talentierte Crew.

Hein hatte inzwischen eine der Schwedinnen auf dem Schoß sitzen. »Der Mast steht! Haha!«, gab er angetrunken von sich. »Lieber 'ne Schwanzgierige als 'ne ganz Schwierige – ich spreche ja gar kein Schwedisch.«

»Niveau ist keine Handcreme!«, rief ich noch zurück, als ich mich fürs Gehen entschied und mich ohne große Umwege zum Ausgang orientierte. Irgendwie war mir plötzlich unwohl, nichts Dramatisches, nur ein wenig flau im Bauchraum. Vielleicht hatte ich zu viel gegessen.

Draußen ließen mich die frische Luft und der sternenklare Himmel über Marmaris durchatmen. Besser wurde es jedoch nicht. Im Gegenteil – mit jedem Meter, dem ich mich der Marina näherte, wurde das flaue Gefühl schlimmer. Dass die Nacht für mich erst noch beginnen sollte, war mir zu diesem Zeitpunkt noch nicht klar.

Als ich mich ins erste Hafenbecken übergab, fühlte ich mich zunächst erleichtert und murmelte zu mir selbst: »Raus, was keine Miete zahlt!« Gewisse Erfahrungen aus meiner Jugend ließen mich denken, das Schlimmste sei bereits vorbei – weit gefehlt. Bis zur PRINCESS bekotzte ich noch zwei weitere Hafenbecken.

»Jetzt muss aber mal gut sein!«, sprach ich erneut zu mir selbst, hatte die Rechnung allerdings ohne meinen Darm gemacht. Mit knapper Not erreichte ich die winzig kleine Toilette im Segelboot.

Vieles ging mir durch den Kopf. Bin ich morgen segeltauglich, ist der Wurstsalat schuld? Wenn ja, wie geht es Alex? Wann ist das hier endlich vorbei? Wie groß ist eigentlich das Reservoir dieser Toilette? Und wer pumpt den Scheiß morgen ab und vor allem: wohin?

Nach einer halben Stunde kehrte, abgesehen von fürchterlichem Durst, so etwas wie Ruhe in meinem Körper ein.

Hätte ich mal besser nichts getrunken – das Glas Wasser schickte mich ohne Umweg dahin zurück, wo ich herkam. Nach zwei weiteren Runden der unfreiwilligen Defäkation war ich der Erschöpfung nah. Ich fühlte mich elend und schmutzig, und es wurde Zeit für eine Dusche.

Um die Frischwassertanks unseres Bootes nicht unnötig zu strapazieren, entschied ich mich, den Sanitärbereich der Marina aufzusuchen. Aus Sicherheitsgründen besuchte ich auch dort zunächst eine Toilette, wo allerdings nichts geschah – irgendwann ist auch der letzte von Wurstsalat vergiftete Darm vollständig entleert. Erleichterung machte sich in mir breit.

»Duschen und dann ab in die Koje – schlafen!«, formulierte ich leise meine Hoffnungen.

Das lauwarme Wasser, das aus einem fest montierten Duschkopf sprudelte und meinen Körper herablief, fühlte sich an wie eine Wiedergeburt. Ich war frisch, ich war sauber, ich war im positiven Sinne leer.

Da stand ich nun und genoss mein Dasein, als ich plötzlich feststellen musste, dass Wasser nicht die einzige lauwarme Flüssigkeit war, die an mir herablief. Würde ich jemals wieder Kontrolle über meinen Darm erlangen? Fragen wie diese beschäftigten mich während der Stunde, die ich brauchte, um sowohl mich als auch die Dusche abschließend zu reinigen.

Gegen drei Uhr dreißig betrat ich erneut unser Boot. Seit über einer Stunde hatte ich nun keinen unkontrollierten Stuhlgang mehr, und die Sache war wohl ohne viel Aufsehen überstanden. Hein lag bereits laut schnarchend in der Koje. Ich legte mich daneben und fiel in den Schlaf der Gerechten.

Um circa sechs Uhr wurde ich wach. Meine kleine Welt schien wieder in Ordnung. Um die Koje zu verlassen, drehte ich mich aus der Rückenlage auf die linke Seite, und im selben Moment wurde mir klar, dass diese Bewegung in einem Desaster enden würde.

Ich spürte förmlich, wie Flüssigkeit sich im quer verlaufenden Dickdarm in Bewegung setzte, den absteigenden Dickdarm hinunterstürzte, in der Sigmaschlinge nochmals Schwung aufnahm und unter Ignoranz des Schließmuskels die Matratze der Koje in ein abstraktes hellbraunes Kunstwerk verwandelte.

Momente, die peinlich sind, vergehen in Zeitlupe. Sprachlos betrachtete ich mein Werk, aber Abwarten half nicht. Mit den Worten »Hein, du musst aufstehen! Ich habe in die Koje geschissen« rüttelte ich an meinem Bettgenossen. Der schlug zwar die Augen auf, reagierte ansonsten jedoch nicht. Er versuchte wohl noch, das Gehörte irgendwie einzuordnen, als ich mich beschämt wiederholte: »Hein, du musst aufstehen! Ich habe in die Koje geschissen.«

Was dann folgte, kann nur mit dem Start einer Interkontinentalrakete verglichen werden. Hein drehte seinen Kopf in meine Richtung, erblickte mein Malheur, erfuhr Bestätigung durch seinen Geruchssinn und entschwand im Bruchteil einer Millisekunde durch die Dachluke der Koje. Anatomisch war dies zwar eigentlich nicht möglich, aber es gelang ihm trotzdem.

Die Reaktion der restlichen Besatzung ist mit dem Wort »Spott« treffend zusammengefasst. Dass die Entsorgung der Laken und der Matratze meine Aufgabe war, brauche ich nicht zu erwähnen. Gerd ließ durchblicken, dass große Teile der Bootskaution an mir hängen bleiben würden, aber was spielte das jetzt für eine Rolle, Hauptsache, mein Darm bekam sich wieder geregelt.

Zum Frühstück verzehrte ich eine Packung Tabletten gegen Durchfall, schließlich begann in zwei Stunden das Offshore-Rennen zur griechischen Insel Symi, und Gerd konnte auf keinen Mann verzichten.

Auf dem Weg zur Startlinie verkündete Daniel die ausgeklügelte Taktik: »O. k., unser Startplatz ist aufgrund unserer vorherigen Platzierungen nicht der beste. Aber scheiß drauf! Äh, sorry, ach egal. Wir rollen das Feld von hinten auf. Es herrscht wenig Wind, das Rennen wird also relativ langsam ablaufen, dafür jedoch lange dauern. Es riecht nach Spinnaker-Manövern. Hein und Jörg – auf euch wird es ankommen! In diesem Sinne – Mast- und Schotbruch!«

Die Startlinie lag nicht mehr weit entfernt, jeder hatte seine Position bezogen, und Hein und ich gingen noch einmal die Schritte des Manövers durch. Auf vielen anderen Booten konnten wir ähnliche Vorbereitungen beobachten.

»Ich hoffe, der Spinnaker stinkt jetzt nicht nach deiner Scheiße!«, gab Hein mir noch mit auf den Weg, als Gerd mit einem ohrenbetäubenden »Wir sind über die Linie – los jetzt!« das Startkommando gab.

Heins Aufgabe war es, das riesige Segel zu hissen, sprich nach oben zu ziehen. Sobald es unsere Koje durch die Dachluke verlassen hatte, oblag es meiner Verantwortung, die Luke blitzschnell zu schließen, sodass Hein und ich gefahrlos auf dem Vordeck herumturnen konnten, um jeweils ein unteres Ende des dreieckigen Segels an einer Winsch anzuschlagen. Dabei mussten wir darauf achten, dass sich der Spinnaker nicht verdrehte, sondern sich vernünftig spannte, damit unsere Beneteau 40.7 ordentlich Fahrt aufnehmen konnte.

Klingt leicht, ist es aber nicht.

Hein zog das Segel in Rekordgeschwindigkeit hoch. Natürlich verdrehte es sich, wie sollte es auch anders sein, und ich sprang herbei, um es zu entwirren. Während Hein sich ebenfalls um den flatternden Spinnaker bemühte, schrie Gerd vom Heck aus unverständliche Flüche, und mit der gleichen Sicherheit, mit der er manchmal in Fettnäpfchen tritt, fand Hein irgendwann die immer noch offene Luke. Es mögen die Anstrengungen und Leiden der Nacht gewesen sein, die mich dazu gebracht hatten, meine Pflicht zu vernachlässigen und sie nicht zu schließen.

Nach einer Phase des Fallens erfolgte der Aufprall. Heins rechtes Schienbein schlug ungefähr mittig gegen die Kante der Luke. In dieser Position wurde die untere Extremität dann vom nachfolgenden Körper so weit komprimiert, dass sie auf einer Länge von circa acht bis neun Zentimetern aufplatzte.

Der Schrei, der Hein dabei entfuhr, war markerschütternd, selbst Segler auf anderen Booten horchten auf. Auf der PRINCESS übernahmen ab diesem Zeitpunkt Panik, Chaos und Verzweiflung das Kommando.

Hein steckte in der Luke und brüllte vor Schmerzen. »Aua! Mein Bein! Mein Bein! Ist es ab? Ist es ab? Heilige Scheiße!« Dabei versuchte er, sich aus der Luke zu winden, scheiterte aber an seiner unvorteilhaften Position.

Meinen Versuch, ihm zu helfen, lehnte er unmissverständlich ab. »Du kleiner Pisser! Pack mich bloß nicht an. Zu doof zum Kacken, aber hier segeln wollen! Wenn ich könnte, würde ich dich über Bord werfen ...« Und so weiter.

In einer Art schuldiger Lethargie gefangen, beobachtete ich stumm, was um mich herum geschah. Bernd und Alex versuchten ihr Glück am Spinnaker, aber auch sie waren nicht in der Lage, das Segel zu entwirren. Stattdessen tanzten sie auf dem Vorschiff herum, immer bemüht, nicht auf den armen Hein zu treten, zogen an Leinen, rissen am Segeltuch und gaben wenig später auf.

Daniel konnte ich nicht sehen, aber dafür hören. Er war in die Bugkajüte geeilt und versuchte, Hein von unten aus der Luke herauszudrücken. »Hau ruck! Hau ruck!«, brüllte er immer wieder und wieder.

Gerd stand derweil wie versteinert mit abwesend leerem Blick am Steuerrad, faselte wirr in sich hinein und erinnerte dabei stark an Captain Ahab aus dem Walfangklassiker *Moby Dick*.

Mit vereinten Kräften gelang es irgendwann, Hein aus der Luke zu retten und in den Salon im Rumpf des Bootes zu schleppen. Er hinterließ eine lange Blutspur, die sich über das halbe Boot zog, aber darüber wollte oder konnte sich schon gar niemand mehr aufregen.

Bei der Wundversorgung durfte ich sogar helfen. Hein hatte mir verziehen beziehungsweise Angst vor den medizinischen Fähigkeiten der restlichen Crew. Die fachgerechte Versorgung sah dann wie folgt aus: Löwenmilch für alle, doppelte Ration für Hein, ein klarer Anisschnaps in die Wunde zwecks Desinfektion, danach sauberen Verband aus eigenen Beständen anlegen und noch einmal Löwenmilch für alle. Die Benutzung des bootseigenen Verbandskastens war aus hygienischen Gründen obsolet.

Als die gesamte Crew wenig später wieder an Deck stand – selbst Hein hatte sich hoch geschleppt –, waren alle anderen Boote nur noch als winzige Silhouetten zu erkennen. Unser Spinnaker flatterte unmotiviert verdreht auf Halbmast, und Gerd deutete traurig mit ausgestrecktem Arm auf die Pünktchen am Horizont.

Es folgte eine kurze Diskussion darüber, ob wir das Offshore-Rennen fortsetzen oder aus medizinischen Gründen abbrechen sollten. Es fielen Begriffe wie Weicheier, Kielholen, Bagatellverletzung, und sogar der Vorwurf der Meuterei wurde laut. Die folgende basisdemokratische Abstimmung endete bei einer Enthaltung 4:1 zugunsten des Rennabbruchs.

Der Tag der Abschlussregatta begann mit einer Motivationsrede zum Frühstück.

»Die Vergangenheit liegt hinter uns!«, donnerte Gerd. »Es hilft nicht, zurückzublicken, denn es geht um Höheres! Ich bin bereit zu vergessen, ich bin bereit zu verzeihen – jede Mannschaft darf mal schwächeln. Voraussetzung ist, dass ihr mir heute noch einmal eure Knochen leiht. Zur Abschlussregatta möchte ich glänzen, nur einmal möchte ich mich nicht blamieren! Wisst ihr? Es gibt hier Menschen, die kennen mich als erfahrenen und erfolgreichen Segler – ich habe einen Ruf zu verlieren. Also, wer reißt sich mit mir gemeinsam den Arsch auf?«

Heins Antwort reflektierte die Gesamtstimmung: »Ich war die letzten achtzehn Stunden in irgendeinem verdammten Krankenhaus. Außer mich mit Löwenmilch in den Salon zu setzen, bin ich zu keinem Manöver mehr zu motivieren.«

Als Bruder im Geiste gab ich an, nicht von Heins Seite zu weichen, und auch Alex und Bernd bemerkten kleinlaut, noch gar kein Souvenir gekauft zu haben. Ein Shoppingday würde gut ins Programm passen. Selbst Daniel hatte keinen Bock auf Ehrenrettung. Und so blieb unser Boot fest vertäut an seinem Liegeplatz, und die Mannschaft verließ einen schwadronierenden Kapitän.

»Der Tatbestand der Meuterei ist endgültig erfüllt – ihr seid allesamt eine Schande für die Seefahrt! Jeder von euch sollte mit einem Fuß an Deck festgenagelt werden – und dann möge der Sturm kommen! Ihr gehört vor ein Kriegsgericht ... da wäre ich besser mit gehbehinderten Sträflingen in See gestochen!«

Die Marmaris Raceweek in der Türkei war Geschichte. Pokale hatten wir keine errungen. Unsere Beute bestand aus textilen Markenprodukten, deren Echtheit nicht endgültig geklärt werden konnte, Apfeltee und merkwürdigen blau-weiß-schwarzen Glasgebilden, die irgendein Auge symbolisieren sollten. Ansonsten kann der Tag als Schweigetag bezeichnet werden. Der Kapitän sprach nicht mehr mit uns. Die Kaution blieb mit einem mittleren dreistelligen Betrag an mir hängen, aber was soll ich sagen – Lehrgeld war noch nie umsonst!

Der Rückflug bedarf keiner weiteren Erwähnung – wir waren froh, wieder zu Hause zu sein.

Abschließend sei bemerkt: Die Zeit heilt alle Wunden. Wir sind immer noch gerne Gast im Zum Blasierten und treffen uns dort regelmäßig mit unseren lieb gewonnenen Segelfreunden.

Eine Feuerwache ist kein Kindergarten

– manchmal eben doch

Das Gesetz über den Brandschutz, die Hilfeleistung und den Katastrophenschutz, kurz BHKG, erklärt in Paragraf 3, Absatz 5 Folgendes: »Die Gemeinden sollen ihre Einwohner über die Verhütung von Bränden, den sachgerechten Umgang mit Feuer, das Verhalten bei Bränden (Brandschutzerziehung und Brandschutzaufklärung) und über Möglichkeiten der Selbsthilfe aufklären.«

Da das Gesetz keine Angaben über das Alter der Einwohner der Gemeinde macht, orientiert man sich am Hans, der bekanntlich nicht mehr lernt, was Hänschen schon nicht begriffen hat. Die Brandschutzerziehung beginnt folglich bereits im Vorschulalter und ist mitnichten eine staatlich subventionierte Selbsthilfegruppe für stadtbekannte Pyromanen.

Mit schöner Regelmäßigkeit bekommen Feuer- und Rettungswachen also Besuch von den privat finanzierten kleinen Einhörnern, den Sockenmonstern beziehungsweise der Igelgruppe des städtischen Kindergartens. Dabei geht es nicht um Kinderschminken, Ponyreiten und Riesenrutschen, sondern um Ponyrutschen, Kinderreiten und Riesenschminken. Spaß beiseite: Das Ganze folgt durchaus einem durchdachten pädagogischen Ansatz. Die Kleinen sollen irgendwann »gutes« und

»schlechtes« Feuer voneinander unterscheiden können, die Notrufnummer kennen und wissen, wie man sich im Brandfall richtig verhält. Damit dies gelingt, legen die Vorschulpädagogen in wochenlanger Arbeit das nötige Fundament. Der Besuch auf der Feuer- und Rettungswache ist quasi nur das abschließende Highlight, um das Gelernte für immer auf der biologischen Festplatte zu speichern.

Aufgrund der natürlichen Kompetenz fällt die Aufgabe der Betreuung und Aufsicht – wann immer möglich – jungen Vätern zu, denn die sind schließlich infantilen Kummer gewohnt. Dabei gibt es keine dogmatisch festgelegte Vorgehensweise. Manchmal ist eine Wasserschlacht auf dem Hof der Wache angebracht, in anderen Fällen gleicht der Besuch der jungen Menschen einer mündlichen Prüfung in Verbrennungslehre. Wie so oft im Leben: Die Mischung macht's.

Unwägbarkeiten in der Dienstplanung ließen eines Tages das Unglück geschehen. Weil gerade keine frischgebackenen Papas im Dienst waren, sollte Hein ran. Als Hundehalter war er es zumindest gewohnt, mit Individuen umzugehen, die zwar Ansprüche stellen, sich ansonsten jedoch nicht ordentlich artikulieren können. Außerdem verfügte er über eine gewisse Erfahrung, was Führungen von Besuchergruppen auf Feuer- und Rettungswagen anging. Geradezu legendär ist der Spontanbesuch einer Gruppe Feuerwehrmänner aus Dallas, Texas, USA.

Sätze wie »This is our Drehladder, it's dreißig Meter high« oder auch ein joviales »We also lösch nur with kalt water« werden als sprachliche Leckerbissen der transatlantischen Feuerwehrfreundschaft in die Geschichte eingehen – und werden Hein bis heute vorgehalten. Allerdings vergessen die Kollegen dabei gern, dass er der Einzige war, der den Mut hatte, sich mit geradebrechten Englischkenntnissen der Herausforderung zu stellen.

Die aktuelle Situation war also durchaus vergleichbar, denn wo liegt schon der Unterschied zwischen angetrunkenen Texanern und lautstark krakeelenden Vorschulkindern?

Na ja, wenn ich so darüber nachdenke, einen Gegensatz könnte man erwähnen: Hein bezeichnet kleine Kinder gern als »Larven«. Mit anderen Worten: Er kann sie nicht leiden. Also ich meine, so gar nicht.

Die Meute, die an jenem Tag die Wache stürmte, stellte alles bisher Dagewesene in den Schatten. Ungefähr dreißig Kinder liefen johlend auf den Hof und verteilten sich zwischen Löschfahrzeugen, Rettungswagen und Privat-Pkws. Zwei Aufsichtspersonen, wie sie unterschiedlicher nicht hätten sein können, begleiteten den Tumult. Eine Dame, frisch frisiert und fast zu nobel gekleidet, versuchte, den anvertrauten Nachwuchs zur Ordnung zu rufen, erinnerte in ihrem Bemühen aber leider an eine alternde, von Arthrose geschwächte Katze, die versucht, junge Mäuse zu fangen. Als ihre sicherlich schweineteure Handtasche in einer gelaufenen Linkskurve ihre Ellenbeuge verließ und unter die Drehleiter rutschte, endete die Jagd endgültig.

Die zweite Aufsichtsperson war langhaarig, männlich, nach Heins vorläufiger Einschätzung Veganer, glutenunverträglich, laktoseintolerant und bereits in jungen Jahren mit einem beeindruckenden Haltungsschaden geschlagen. Von der herrschenden kindlichen Unordnung hatte der Mann noch keinerlei Notiz genommen. Wie auch?! Sein Blick klebte beharrlich auf seinem Smartphone, und es grenzte an ein Wunder, dass der

Vorschulpädagoge auf dem Weg vom Kindergarten zur Feuerwache nicht dem Stadtverkehr zum Opfer gefallen war.

Hein nahm das zum Anlass, ihn zu fragen: »Machen Sie das hier beruflich? Oder hat man Sie zu Sozialstunden verurteilt?«

»Was?« Der Angesprochene hob leicht verwirrt den Blick.

»Es heißt: ›Wie bitte?‹ Aber ich fang mal anders an. Wenn der kleine Scheißer in dem roten T-Shirt nicht sofort aufhört, Phallussymbole in die Staubschicht auf den Autos zu malen, dann versohle ich ihm hier auf dem Hof vor versammelter Mannschaft mit einer nassen Zeitung den Arsch!«

Über dem Kindergärtner erschien so etwas wie eine Gedankenblase. Ein Teil von ihm wollte schnoddrig und antiautoritär antworten: »Ja, wenn die Autos auch so dreckig sind ...«, aber die Angst, selbst Opfer der nassen Zeitung zu werden, ließ ihn handeln und den kleinen Künstler einfangen.

Das machte Eindruck, denn so langsam kehrte Ruhe in die Bande ein, und Hein hegte die Hoffnung, seine Drohung nicht wahr machen zu müssen.

»Sie müssen uns entschuldigen«, richtete nun die gealterte Katze das Wort an meinen Kollegen. »Hilper mein Name. Es ist alles vollkommen aus dem Ruder gelaufen. Eine Kollegin hat über Nacht gekündigt, die andere hat ganz, ganz schlimmen Durchfall, man holt sich halt schnell was bei den Kindern, und jetzt sind wir mit zweiunddreißig statt sechzehn unterwegs, und ich habe auch noch diesen zotteligen Pazifisten am Hals. Entschuldigung, das habe ich nicht so gemeint, aber ich habe es doch schwer, oder? Ich freu mich, wenn Sie jetzt mal für drei oder vier Stunden übernehmen. Wirklich, ich bin Ihnen wirklich dankbar«, erklärte Frau Hilper, ohne während ihrer Ansage auch nur einmal Luft zu holen, bevor sie sich seufzend auf ein gemauertes Podest niederließ.

»Drei oder vier Stunden? Im Leben nicht! Ich bin heute nicht zum Dienst erschienen, um nach Schichtende Suizid zu begehen!«, erwiderte Hein. Panik flackerte in seinem Blick. »Wenn es nach mir ginge, dürfte man nicht bis zur zwölften Woche, sondern bis zum zwölften Lebensjahr abtreiben. Der Ball ist eh vollkommen überbevölkert. Wie dem auch sei: In spätestens zwei Stunden machen Sie sich mit der geliehenen Brut wieder vom Hof.« Er beobachtete den Pazifisten, wie der vergeblich versuchte, die Gruppe zu einer Zweierreihe zu formen.

Hein ließ seinen Blick über die Kinder gleiten und erkannte als anerkannter Hobbypsychologe gleich mehrere Archetypen, die sich in nahezu jeder Gruppenkonstellation wiederfinden. Da war der Entdecker, der seine Nase bereits jetzt viel zu tief in den Container für verunreinigtes Bindemittel steckte. Neben ihm die Rebellin, die dem Pazifisten kraftvoll vor das Schienbein trat. Der Altkluge, der schon als Fünfjähriger mehr über Feuerwehrfahrzeuge wusste als Hein, und nicht zuletzt der Herrscher oder besser Anführer, dem die ganze Truppe folgte.

Um genau diesen kindlichen Anführer ging es Hein. Er schnappte sich den kleinen Kerl, der für sein Alter körperlich schon ziemlich weit entwickelt war, und flüsterte ihm ins Ohr. Selbst das direkte Umfeld konnte nur Bruchstücke aufschnappen.

»So mein kleiner Freund ... in den Zaubertrank gefallen ... eine Minute ... absolute Ruhe ... zwei Tage nicht sitzen ... Smartphone für immer weg ...«

Über den genauen Wortlaut hatten die beiden wohl Stillschweigen vereinbart, aber die kurze Unterhaltung zeigte durchaus Wirkung. Wenige Augenblicke später stand die Brut halbwegs ruhig im Halbkreis vor Hein und harrte ungeduldig der Dinge, die da kommen sollten.

»Das hier ist kein Freilichtmuseum, sondern eine echte Feuer- und Rettungswache«, begann mein Kollege eine kleine Ansprache. »Wir gehen jetzt zusammen in die erste Etage in einen Klassenraum und unterhalten uns ein wenig über die Feuerwehr. Danach schauen wir uns die roten Autos an, und wenn dann noch Zeit bleibt, gibt es ein schönes Spiel auf dem Hof als Überraschung. Einverstanden?« Hein erntete eine Mischung aus Schreien und Grölen als Zeichen der Zustimmung.

Eine gefühlte Ewigkeit später saßen zweiunddreißig Kinder und zwei Betreuer in einem viel zu kleinen Klassenraum und erfuhren eine Brandschutzerziehung vom Allerfeinsten. Hein ließ sich erklären, wie das mit der Notrufnummer 112 funktioniert, erfragte, ob alle Kinder die eigene Adresse kannten, und spielte das Gespräch mit einem Leitstellendisponenten mit mehreren Kindern nach. Wobei er einen kleinen Klugscheißer, der permanent aufzeigte, dabei mit den Fingern schnipste und seinen eigenen Vater als Mitglied der örtlichen Freiwilligen Feuerwehr denunzierte, konsequent ignorierte.

Der Pazifist hatte seinen Geist wieder mit seinem Mobiltelefon verschmolzen, und die gute Frau Hilper war wenig rückenschonend auf einem uralten Bürostuhl eingeschlafen und gab von Zeit zu Zeit undefinierbare Geräusche von sich.

Hein ließ sich davon nicht beirren, sondern wandte sich dem nächsten Thema zu, dem Verhalten im Brandfall. Während man beim Notruf den Kindern noch solides Wissen attestieren konnte, offenbaren sich nun die ersten Lücken, und Hein sah sich gezwungen, die womöglich lebensrettenden Kenntnisse gemeinsam mit der Gruppe zu erarbeiten.

Hein: »Also, wenn es in deinem Zimmer brennt, versuch nicht, das Feuer selbst zu löschen.«

Mädchen mit blonden Locken: »Ich hole meine Puppen, und dann verstecken wir uns.«

Hein: »Nein, um Gottes willen, auf keinen Fall verstecken!«

Junge mit Zahnlücke: »Ich kann auch löschen, ich habe schon mal ein Lagerfeuer mit meinem Papa ausgemacht.«

Hein: »Das ist schön, aber auf keinen Fall verstecken!«

Junge im roten T-Shirt: »Und was mache ich dann?«

Hein: »Du verlässt das Zimmer und machst die Tür hinter dir zu!«

Junge im roten T-Shirt: »Und was ist, wenn auch die Tür brennt? Dann komme ich doch nicht mehr raus.«

Hein: »Dann machst du dich am Fenster bemerkbar und rufst um Hilfe.«

Mädchen mit Kaugummi im Mund: »Und wenn auch das Fenster brennt?«

Hein: »Wenn es vor deinem Zimmer brennt ...«

Junge mit Zahnlücke unterbricht: »Und wenn es überall brennt?«

Sohn vom Freiwilligen Feuerwehrmann: »Dann ist Großalarm!«

Mädchen mit blonden Locken: »Ich versteck mich trotzdem.«

Junge mit Zahnlücke: »Und wenn das ganze Weltall brennt?«

Pazifist, ohne den Blick von seinem Mobiltelefon zu wenden: »Wir müssen alle sterben.«

Hein: »Ruhe!«

Dicker Junge in dritter Reihe: »Wie oft mussten Sie Menschen schon die Beine abschneiden, um sie aus einem Auto zu befreien?«

Hein: »Was? Noch nie! So was machen wir nicht!«

Dicker Junge in dritter Reihe: »O doch, das habe ich schon im Fernsehen gesehen. Du lügst!«

Hein, an seiner Belastungsgrenze angekommen, weckte Frau Hilper, indem er energisch an ihrer Schulter rüttelte. »Wir brechen den Unterricht jetzt und hier ab. Kinder einsammeln! Sofort. Wir treffen uns unten auf dem Hof bei den Fahrzeugen.«

Vom Befehlston noch leicht konsterniert, brauchte die Gute einen Augenblick, um sich zu sammeln. »Wir müssen räumen? Was ist denn los? Ich bin doch nicht etwa eingenickt? Ist etwas passiert?«

»Noch nicht.« Forschen Schrittes machte sich Hein auf in Richtung Treppenhaus. Dabei machte er sich so seine Gedanken über die vergangene halbe Stunde, nicht ohne die Schuld für den kruden Unterrichtsverlauf auch bei sich selbst zu suchen. »Vielleicht liegt es an meinem Tonfall und der Wortwahl, ist bei jungen Hunden ja nicht anders«, murmelte er leise vor sich hin.

Als der Pazifist Vollzähligkeit meldete und Hein in sehr freundlichem Tonfall ein kurzes klärendes Gespräch mit dem jungen Anführer geführt hatte, konnte die Besichtigung losgehen, und die nächste Stunde stand ganz im Zeichen der gegenseitigen Annäherung.

Die Kinder sollten unsere Ausrüstung kennenlernen und die Angst vor einem vollständig armierten Feuerwehrmann verlieren. So ein Monstrum, das keuchende, zischende Geräusche macht, kann auf eine kleine Kinderseele durchaus bedrohlich wirken, und so ergab es durchaus Sinn, dass Hein mich um Hilfe bat. Während er die einzelnen Teile erläuterte, rüstete ich mich Schritt für Schritt aus, sodass die Kinder nachvollziehen konnten, dass unter der Schutzkleidung ein ganz normaler Mensch steckte.

Da stand ich nun in kompletter Schutzkleidung samt Helm, Gurt und Atemschutzgerät und wurde von den kleinen Rackern bestaunt und befummelt. Hein sagte ein paar lehrreiche Sätze dazu, und ich fühlte mich wie ein Taucher im Meer, der seinen Atemanschluss gegen einen frechen Tintenfisch verteidigen muss.

Immer mehr kleine Hände zogen an mir und an der Leitung, die meine Atemschutzmaske mit der Pressluftflasche verband. Immer weniger Hemmungen zügelten die Kinder, und das Lernziel war für meine Begriffe längst erreicht, als ein Junge mit Zahnlücke mir den Todesstoß versetzte.

»Er sieht aus und spricht wie der Imperator von Star Wars ...«

Diese Feststellung genügte, damit sich zwanzig der zweiunddreißig Kinder meiner endgültigen Vernichtung widmeten, während das übrige Dutzend den Todesstern eroberte, der im wahren Leben eigentlich ein bis dahin einsatzbereites Löschfahrzeug gewesen war.

Die zum Betrachten der Ausrüstung geöffneten Gerätefächer wurden, soweit es den Kinderkräften möglich war, leer geräumt und der Inhalt auf dem Hof der Wache verteilt. Ein bis jetzt relativ unauffälliger Kevin hatte den Beifahrersitz erklommen und speichelte dort die Atemschutzmaske des Zugführers voll.

Der Pazifist hatte mit den vier größten Rabauken genug zu tun, und von Frau Hilper fehlte jede Spur. Wahrscheinlich musste sie mal kurz Pipi machen, aber vielleicht war auch Schlimmeres geschehen. Hein sah sich erneut gezwungen, die Reißleine zu ziehen, und forderte Verstärkung an.

Nach einem knackigen Aufruf durchs interne Lautsprechersystem bezogen links und rechts der Gruppe jeweils drei Kollegen Stellung, um so etwas wie einen schützenden Rahmen zu bilden. Der normale Wachablauf war durch den Besuch der Gruppe inzwischen ohnehin vollkommen gesprengt.

Ganz sicher war ich mir nicht, aber ich glaube, im Augenwinkel gesehen zu haben, wie Hein sich mehrmals bekreuzigte, bevor er sich an die Kinderschar wandte, um das Spiel mit einem Feuerwehrschlauch als den eigentlichen Höhepunkt der Wachbesichtigung anzukündigen.

Was nun folgte, möchte ich etwas abkürzen. Eigentlich bräuchte es neunzig Minuten bewegter Bilder, um die Dramatik halbwegs realistisch darzustellen. Ich versuche es mit einigen Worten.

Der schon erwähnte Anführer der Gruppe hatte die beiden stärksten Jungs um sich geschart, von der kleinen Gerda, die doch auch so gern mal wollte, das Strahlrohr gefordert und gab es nun nicht mehr her. Aus einem Spiel, in dem eigentlich ein Ball mit dem Wasserstrahl durch zwei Pylone geschossen werden sollte, wurde ein großes, feuchtes Gemetzel.

Kein Kind blieb auch nur halbwegs trocken, und selbst der Pazifist und die inzwischen wieder aus dem Nichts aufgetauchte

Frau Hilper verließen die Wache später klatschnass. Die Erzieherin sah dabei besonders bemitleidenswert aus, denn vor dem fröhlichen Spiel der Kinder hatte ihre Frisur wahrlich kapituliert. Einziger Vorteil: Sie konnte halbwegs unauffällig weinen.

Hein war ebenfalls zum Heulen zumute. Mitleid durfte er allerdings nicht erwarten. Im Gegenteil, zur Belohnung für seine aufopfernde Leistung durfte er die Einsatzbereitschaft des Löschfahrzeugs ganz allein wiederherstellen. Der Dienst verlangt eben physische und psychische Fitness.

Übrigens: Seit Kurzem gilt bei der Feuerwehr die Vorschrift, dass für nicht volljährige Besuchergruppen für jeweils acht Personen mindestens ein Betreuer anwesend sein muss.

Die Tücken der Technik

Warum man an modernen Errungenschaften zweifeln darf

Inzwischen habe ich seit mehr als zwanzig Jahren denselben Arbeitgeber – oder ist es der gleiche? An dieser Stelle möchte ich gestehen, dass ich den Unterschied trotz mehrmaligem Versuch nie wirklich verstanden habe. So geht es mir übrigens mit vielen Finessen der deutschen Sprache. Ohne Korrektur und Lektorat würden sich viele Autoren, mich eingeschlossen, bis auf die Knochen blamieren – an dieser Stelle mal ein herzliches Dankeschön an diese viel zu wenig beachtete, ehrbare Zunft.

Wie schon gesagt, seit mehr als zwanzig Jahren erhalte ich meine Lohnabrechnungen von derselben Institution, und seit mehr als zwanzig Jahren werde ich verfolgt. Dabei denke ich nicht an irgendwelche nervigen Kollegen oder Patienten mit Stammkundenstatus – nein, ich denke an Herrn Wagner.

Herr Wagner ist ein gut aussehender, ausgesprochen sympathischer Herr in den besten Jahren, seines Zeichens Servicetechniker bei einer Elektrofachfirma und in dieser Eigenschaft Angestellter einer Tochter eines Subunternehmers, zuständig für Wartungsarbeiten innerhalb eines Rahmenvertrags eines international tätigen Unternehmens, das vor ebenfalls mehr als zwanzig Jahren unsere örtliche Leitstelle mit der entsprechenden Technik ausgestattet hat.

Das Problem mit Herrn Wagner ist folgendes: Immer wenn ich ihm (mit Vornamen heißt er übrigens Wilfried – inzwischen duzt man sich) begegne, ist irgendetwas Gravierendes kaputt, und ehrlich gesagt sehe ich Wilfried Wagner öfter, als mir lieb ist.

Dabei laufen die Besuche nach einem immer gleichen Ritual ab. Wilfried kommt an, begrüßt jeden anwesenden Kollegen mit Handschlag und sagt irgendwann: »Soll es was Gutes sein oder darf ich auch etwas aus unserem Haus anbieten?« Dabei bricht er in schallendes Gelächter aus, macht sich an die Arbeit und schwadroniert währenddessen über Persönliches, besonders gern über das Zusammenleben mit seiner langjährigen Lebensgefährtin. So auch neulich.

»Da sagt die zu mir, wo ich zum Stammtisch fahren will: ›Viel Spaß – aber trink nicht so viel!‹ Das ist doch ein Paradoxon. Will die Tante mich verarschen? Ich hab nur gesagt: ›Entscheid dich mal!‹, dann bin ich ab, Bier wird ja warm – die Kumpels warten ja nicht.«

Hein, der sich keine Episode aus dem Leben der Wagnergefährtin entgehen lässt, lachte verschmitzt, und ich hatte kaum zustimmend genickt, als Wilfried auch schon zum alles entscheidenden Schlag ausholte: »Ich weiß ja nicht, was ihr gemacht habt, aber der ZF 16 bekommt kein Signal mehr, die Schleifen haben einen weg, und ich kann nur hoffen, dass die Speicher noch puffern – das wird kein billiger Spaß, die nächsten Stunden seid ihr auf Handbetrieb!«

»Oha« war alles, was Hein dazu sagte. Er besitzt ein erstaunliches Talent dafür, komplexe Situationen auf das Wesentliche zu reduzieren.

Wilfried musste uns verlassen, um Ersatzteile zu besorgen. Mit der Leitstelle verband uns ab jetzt, neben den Funkgeräten in den Fahrzeugen, nur noch eine Direktleitung per Telefon, die letzte Bastion der Alarmierungstechnik direkt nach Brieftauben und Rauchzeichen – quasi eine Reminiszenz ans Mittelalter. Wie immer in solchen Situationen beschlich mich erheblicher Zweifel an der Authentizität der Mondlandung 1969. Wenn nicht mal unsere vergleichsweise simple Technik störungsfrei funktioniert, wie will dann ernsthaft irgendwann irgendwer zu unserem Erdtrabanten geflogen beziehungsweise gefahren sein?

Hein und ich geleiteten Wilfried nach draußen, als unser Blick, von unbeherrschtem Fluchen angelockt, in ein angrenzendes Arbeitszimmer fiel. Leo hatte neues Mobiliar erhalten und schien mit seinem neuen Bürostuhl maximal überfordert.

Was Wilfried, Hein und ich beobachten mussten, war eines erwachsenen Mannes unwürdig. Zunächst saß Leo noch auf dem Bürostuhl. Er zog und drückte an verschiedenen Hebeln in der Hoffnung, das Sitzmöbel würde sich seinem Körper anpassen, das Gegenteil war jedoch der Fall. Die eingebaute Lordoseprophylaxe faltete seine Lendenwirbel, die ungebremsten Multifunktionsrollen nahmen Fahrt auf, und Leo konnte nur knapp das Gleichgewicht halten. Es war blanke Wut, die das Möbel anschließend durch den Raum schleuderte.

Leo musste uns aus dem Augenwinkel bemerkt haben. »Ich will keinen Ton hören – das Scheißding erfüllt sämtliche sicherheitsrelevanten Voraussetzungen für den Büro- und Objektbetrieb entsprechend der DIN EN 1335 Teil 1 bis irgendwas. Ich hab aber nur im zweiten Bildungsweg BWL studiert. Noch Fragen?«

»Stuhl ist ja oft Scheiße«, bemerkte Wilfried trocken, bevor er sich in Richtung seines Firmenwagens davonmachte.

Gerade wollte ich meinem Vorgesetzten zu Hilfe eilen, um den widerspenstigen Bürostuhl zu bändigen, als das schrille Läuten der Direktleitung eine Alarmierung ankündigte.

Lars, der kürzlich vom Praktikanten zum Auszubildenden aufgestiegen war, nahm das Gespräch an. Aufmerksam lauschte er mit zunehmend größer werdenden Augen dem Leitstellendisponenten. Weil der ZF 16 kein Signal mehr bekam und die Schleifen einen weghatten, wie Wilfried uns so fachmännisch erläutert hatte, würde keine Durchsage per Lautsprecher erfolgen, wir würden keine schriftliche Alarmdepesche und schon gar keine Einsatznummer bekommen. Kurz: Wir würden auf Lars' Überlieferung angewiesen sein. Der legte gerade den Hörer auf, und Hein und ich wechselten einen besorgten Blick.

»Ihr müsst zum ADAC-Büro neben der Eisdiele, wo wir im Sommer immer Eis essen …«, begann Lars sogleich seine mündliche Alarmierung, bevor er schroff von Hein unterbrochen wurde: »Ich weiß, wo der ADAC ist! Was liegt an? Fass dich gefälligst kurz!«

»Da ist jemand ohnmächtig geworden, internistischer Notfall, sagt die Leitstelle«, ergänzte Lars kleinlaut, und Hein und ich machten uns auf den Weg.

»Vermutlich ist die Mitgliederzeitschrift nicht pünktlich zugestellt worden«, frotzelte ich, was mein Lieblingskollege mit einem hämischen Lachen kommentierte.

»Oder ein Abonnent ist der Angebote für Donaukreuzfahrten, Treppenlifte und sehr seltene Gold- und Silbermünzen überdrüssig«, sagte er. »Wie dem auch sei, heute helfen wir mal den gelben Engeln. Vielleicht gibt es ja Rabatt bei der nächsten Panne.«

Um es kurz zu machen: Der Einsatz ging als Fehlalarm in die Geschichte des Rettungsdienstes ein, ohne dass jemandem ein Vorwurf gemacht werden konnte.

Nachdem wir die Einsatzstelle erreicht hatten und hoch motiviert mit unserem gesamten Equipment in das Büro des Automobilklubs stürmten, stellte sich heraus, dass der vermeintliche Patient die Einsatzstelle bereits ohne medizinische Hilfe selbstständig verlassen hatte.

»Ich weiß auch nicht. Der Kerl war leichenblass, ist hier zweimal in sich zusammengesackt, dann wieder aufgestanden und am Ende weggelaufen«, erklärte uns auf Nachfrage eine junge, überaus attraktive Blondine, die vermutlich ansonsten in diversen Boxengassen ihren Dienst versah. »Ich glaube, der war nicht mal Mitglied.« Sie zuckte mit den Schultern. »Tut mir sehr leid, dass Sie jetzt umsonst gekommen sind.«

Hein parierte gewohnt charmant: »Nichts im Leben passiert umsonst. Auf diese Weise haben wir uns kennengelernt – vielleicht trinken wir bald mal ein Glas Prosecco zusammen? Und solange Sie nicht auch noch den firmeneigenen Hubschrauber gerufen haben, ist alles in Ordnung.«

Die Angestellte des Automobilklubs nickte kess. Wir packten unsere Ausrüstung und machten uns auf den Rückweg zum Rettungswagen. Hein verfrachtete den Notfallrucksack in das dafür vorgesehene Fach, bevor er mir half, den Defibrillator und das Beatmungsgerät in die entsprechenden Halterungen einzuhängen. Gerade als das typische »Klack« das Einrasten des Notfallrespirators akustisch signalisierte, brach die Hölle los.

Die Realität verschob sich für eine Millisekunde aus Raum und Zeit, und es tat einen gewaltigen Schlag, dessen kinetische Energie Hein, mich und etliche Teile der medizinisch-technischen Ausrüstung an das Kopfende des Patientenraums schleuderte. Das begleitende Geräusch hatte in gewisser Weise etwas Apokalyptisches – bääähhhmmmm!

Da lagen wir nun und hatten ein Gefühl dafür bekommen, wie sich ein regelmäßiger Hexaeder in einem Lederbecher fühlt. Obwohl noch vollkommen unklar war, was uns getroffen hatte, musste die Ursachenforschung warten, denn zunächst brauchten wir einen Moment, um die eigenen Körper einer Schadensanalyse zu unterziehen.

Hein beklagte Schwierigkeiten beim Luftholen, er hatte sich wohl die Rippen geprellt, und ich hatte mich in ein lustiges kleines Einhorn verwandelt. Jedenfalls brummte mein Schädel, und eine imposante Beule zierte mittig meine Stirn. Man konnte uns beide durchaus als leicht verletzt beschreiben.

»Vater unser im Himmel – was war das denn?«, brachte Hein gequält hervor. Mein ahnungsloses Achselzucken musste ihm als Antwort genügen.

Gemeinsam verließen wir das Innere des Rettungswagens, um in Erfahrung zu bringen, wer oder was mit uns kollidiert war. Ganz in der Spur liefen wir beide nicht, der Schreck saß uns durchaus noch in den Gliedern.

Als wir das hintere Ende unseres Fahrzeugs betrachteten, fiel uns auf, dass ein Opel Omega aus den 1980er-Jahren darin steckte. Unser Trittbrett war nicht mehr zu erkennen, und große Teile der Motorhaube des Opels waren eine Symbiose mit unseren Hecktüren eingegangen. Im Fahrgastraum saß ein älterer

Herr, der mit blutender Nase immer noch tapfer das Lenkrad festhielt. Sowohl der Opel Omega als auch der Fahrer erinnerten mich unausweichlich erneut ans Mittelalter.

Hein war der Erste, der wieder in halbwegs klare Verhaltensmuster zurückfiel. »Du gibst eine Rückmeldung an die Leitstelle – Eigenunfall mit Verletzten …, ich kümmere mich solange um den Herrn«, gab er Anweisung, und ich war froh, dass mir jemand sagte, was zu tun war.

Die Sprechtaste des Funkhörers bereits gedrückt, brauchte ich einen Moment der inneren Sammlung, um mich zu konzentrieren.

»Was so ein kleiner Bums mit einem macht! Wahnsinn«, dachte ich laut, als die Leitstelle auch schon nachfragte: »Was heißt hier ›kleiner Bums‹? Der letzte Rufer jetzt mal Klartext!«

»Ähh, sorry! Hier spricht der RTW 3-1. Unfall mit Eigenbeteiligung. Drei verletzte Personen. Ein weiterer Rettungswagen und die Polizei zur Einsatzstelle«, formulierte ich halbwegs sinnvoll.

»Das ist verstanden. Wo genau befindet sich der Unfallort?« Die Stimme des Leitstellendisponenten war nun von einer gewissen Strenge getragen.

»Neben der Eisdiele, wo wir im Sommer immer Eis essen …«, antwortete ich und machte mich auf den Rückweg zu Hein. Weitere berechtigte Rückfragen verhallten ungehört, und noch heute möchte ich mich bei der Leitstelle für meine suboptimalen Angaben entschuldigen.

Als ich am Heck des Rettungswagens eintraf, überreichte Hein dem rüstigen Wagenlenker gerade eine saubere Kompresse und nahm im Gegenzug eine blutige entgegen. Der

Senior betupfte seine immer noch leicht blutende Nase und fluchte zeitgleich: »Neumodischer Schnickschnack!« Er deutete auf sein Navigationsgerät, das, soweit so üblich, innen an der Windschutzscheibe klebte. »Seit einer Stunde fahre ich im Kreis. ›Jetzt links abbiegen‹ – von wegen, hier darf man gar nicht links abbiegen! Also bin ich rechts abgebogen, was bleibt einem übrig – und dann faselt die dusselige Kuh: ›Bitte wenden, bitte wenden, wenn möglich bitte wenden ...‹ und dann stehen Sie hier ... Da kann doch kein Mensch mehr bremsen. Scheißnavi!«

»Ja, aber Ihr Navigationsgerät kann doch nicht wissen, dass wir im Augenblick hier parken«, mischte ich mich ungefragt in die Unterhaltung ein.

»Hättest du geschwiegen, man hätte dich für klug gehalten«, raunte Hein mir mit einer Mischung aus Vorwurf und verächtlichem Mitleid entgegen.

»Nicht?«, fragte unser Unfallgegner ungläubig bis verwundert, was Hein sofort mit einer Gegenfrage konterte: »Wo wollten Sie denn eigentlich hin? Den Stadtverkehr tut sich doch niemand freiwillig an.«

»Zum ADAC, da finden heute kostenlose Fahrtauglichkeitsprüfungen für Senioren statt.«

Hein schwieg und bot erneut eine saubere Kompresse im Tausch gegen eine blutige an. Nach meinem kleinen verbalen Fauxpas hatte ich eh nichts mehr zu melden, und so herrschte Ruhe an der Unfallstelle, bis irgendwann ein anschwellendes Martinshorn die Ankunft der Kollegen ankündigte.

Fast zeitgleich erreichten zwei Rettungswagen, ein Notarzteinsatzfahrzeug, ein Löschfahrzeug, ein Rüstwagen der Feuerwehr sowie zwei Streifenwagen die Unfallstelle. Aufgrund meiner desolaten Rückmeldung hatte man das große Besteck ausgepackt und war auf Nummer sicher gegangen.

»›Neben der Eisdiele, wo wir im Sommer immer Eis essen ...‹ Darüber sprechen wir beide noch!«, war der erste Satz des Zugführers, bevor er mich an die Besatzung eines Rettungswagens übergab.

Aus der noch geöffneten Seitentüre des Patientenraums konnte ich erkennen, wie der blutbesudelte ältere Herr seinen eigenen, noch aus grauem Papier gefertigten Führerschein zerriss und die groben Schnipsel einem der Polizisten wie Konfetti entgegenwarf.

»Scheißtechnik!« war noch zu hören, bevor auch Hein einstieg und die Seitentür hinter sich schloss.

Auf der Fahrt zum Krankenhaus (Hein und ich sollten kurz medizinisch durchgecheckt werden) nahm ich mir vor, Herrn Wagner zu fragen, ob seine Firma außer Leitstellentechnik auch Navigationsgeräte führt. Seine Antwort konnte ich mir schon vorstellen: »Soll es was Gutes sein oder darf ich auch etwas aus unserem Haus anbieten?«

Advent

Saisongeschäft für Feuerwehr und Rettungsdienst

»Adventus Domini« sagt der Lateiner und meint damit die Zeit, in der die Christenheit sich auf das Fest der Geburt Jesu beziehungsweise eine grenzenlose Konsumorgie vorbereitet. Nicht nur für die Kirche und den Einzelhandel, sondern auch für Feuerwehr und Rettungsdienst beginnt eine Art Saisongeschäft. Auf der einen Seite haben die Anbieter von Pauschalreisen zwar das halbe Land evakuiert, auf der anderen Seite reicht die andere Hälfte der Bürgerschaft aber vollkommen aus, um die Einsatzzahlen hochzuhalten.

Nicht bei jedem Adventskranz beschränkt man sich auf das Abbrennen der Kerzen. Manchmal müssen zusätzlich Küche, Wohnzimmer oder auch mal ein ganzes Einfamilienhaus dran glauben, und längst nicht jede zwischenmenschliche Begegnung verläuft der ach so friedlichen und besinnlichen Jahreszeit angemessen.

Und je näher der Heilige Abend rückt, desto einsatzreicher werden die Tage. Die letzten störenden Senioren müssen nun mal rechtzeitig vor dem Winterurlaub noch ins Krankenhaus verfrachtet werden, denn wie sonst soll die Familie Schnee, Suff und Hüttengaudi ungestört genießen können? Natürlich ist dies nur eine rein subjektive Wahrnehmung meinerseits, die Indikation für Krankenhausaufenthalte von Hochbetagten scheint zum Ende des vierten Quartals jedoch alljährlich drastisch zuzunehmen.

Echte Kerzen am Weihnachtsbaum sowie der berühmte Glühwein zu viel sorgen dafür, dass das ewige blaue Licht auch in der Adventszeit niemals verlischt.

3. Dezember, erster Advent

Der Weihnachtsmarkt, der in meinem Heimatstädtchen in diesem Jahr erstmals politisch korrekt als Wintermarkt bezeichnet wurde, öffnete seine Pforten, und was vor einigen Jahren mit zehn selbst gezimmerten Holzbuden begann, hatte sich inzwischen zu einer beliebten Attraktion entwickelt.

Klar, die obligatorische Eislaufbahn durfte nicht fehlen, ansonsten hatten sich die Organisatoren jedoch wirklich Mühe gegeben. Buden, Verkaufsstände und Fahrgeschäfte hatten die Auflage, ein gewisses historisches Flair zu pflegen, um dem baulichen Umfeld auf dem alten Marktplatz gerecht zu werden. Die Beleuchtung war warm und nicht zu hell, blinkende Elchgeweihe und Currywürste suchte man vergebens, stattdessen standen Kunsthandwerk, Printen, Lebkuchen und gebrannte Mandeln im Vordergrund.

Die vorweihnachtliche Stimmung war aufgrund der anhaltend trüben Wetterlage etwas gedämpft, und so musste das erste alkoholische Heißgetränk des Tages gegen 17.45 Uhr bei geschlossener Wolkendecke, Nieselregen und zehn Grad Celsius eingenommen werden.

Der ebenfalls obligatorische Glühweinstand, dessen Inhaber ironischerweise auf den Namen Warmbier hörte, war als Rondell in der Mitte des Platzes nicht nur der größte aller Stände, sondern mit Abstand der beliebteste. Wer im Sommer in der schönen Einraumkneipe Zum Blasierten einen Stammplatz hatte, der stand jetzt hier in der ersten Reihe. Schließlich geht es unter anderem ums Sehen und Gesehen-Werden.

Ich besuche solche Orte sehr gern, höre den Menschen zu und beobachte ein wenig. Versuchen Sie es auch einmal! Der Unterhaltungswert ist ungleich höher als das sich zu dieser Jahreszeit stetig wiederholende Fernsehprogramm. Die Dialoge aus *Ben Hur* oder *Die 10 Gebote* kann ich schon fast fehlerfrei mitsprechen.

Hein und ich schoben den von der Verwaltung bei solchen Events verlangten Sanitätswachdienst, lehnten mit den Rücken gegen unseren RTW und ließen das bunte Treiben am Glühweinstand neben uns auf uns wirken.

»Früher war die Adventszeit ja auch so etwas wie eine Fastenzeit«, stellte eben ein Herr mit alkoholfreiem Kinderpunsch in der Hand und kariertem Stoffhütchen auf dem Kopf nüchtern fest.

»Ja, genau!«, pflichtete ihm seine Begleitung bei, die ebenfalls ein kariertes Stoffhütchen zur passenden Damenhandtasche trug.

»Da sehe ich hier aber nix von!«, antwortete ein Herr mit kaiserlichem Schnauzbart am Nebentisch ungefragt und lachte hämisch.

»War aber so!«, entgegnete das Pärchen wie aus einem Mund.

»Ja, von mir aus, aber da waren die Gummistiefel auch noch aus Leder. Ihr habt sie doch nicht mehr alle.« Parallel zu seiner in liebenswürdiger Intonation vorgetragenen Erwiderung bestellte der Herr per Handzeichen drei Glühwein, um die Sache gemeinsam besprechen zu können.

Wenige Meter weiter lief das Streitgespräch eines pseudo-intellektuellen Grüppchens, das gleichzeitig die Zusammensetzung von Glühwein, die Unterschiede zu Winzerglühwein sowie die korrekte Dauer der Adventszeit in Abhängigkeit der jeweiligen Sonntage diskutierte. Dabei hörte man sich gegenseitig keineswegs zu, sondern vertrat den eigenen Standpunkt einfach lauter als der Nebenmann beziehungsweise die Nebenfrau.

»Von wegen vier Sonntage sind noch lange nicht vier Wochen – von wegen christliche Kommunisten, ihr habt überhaupt keine Ahnung, was ihr hier feiert!«, echauffierte sich ein junges Mädel in Springerstiefeln mit bunten Schnürsenkeln.

»Ich habe nix gegen Ausländer, das weiß hier jeder! Aber Amaretto ist was für Italiener! Das Zeug gehört weder in den Glühwein noch in unseren Kulturkreis!«, verkündete ein Mann mit Holzkugeln im geflochtenen Bart, dem man seine geäußerte Spießigkeit nun wirklich nicht angesehen hätte.

»Rum muss. Zucker kann. Wasser braucht nicht. Danke!«, erklärte ein leicht angetrunkener Kerl Herrn Warmbier seine Vorstellung von der Zusammensetzung eines anständigen Grogs, als gleich mehrere Beinaheunfälle Hein und mich aufschrecken ließen.

Zunächst lösten spielende Kinder eine kleine Kettenreaktion aus. In Ermangelung von Schnee hatte sich der Nachwuchs am Stand eines Kettensägenkünstlers mit Sägespänen beworfen. Der hierdurch irritierte kreative Forstwirt schnitt, während er mit laufender Kettensäge spektakulär stolperte, einer lebensgroßen filigranen Engelsfigur den linken Flügel ab. Die bislang begeistert andächtigen Zuschauer verfielen daraufhin in eine Art Tumult, und der sich dadurch bildende Rückstau kostete wiederum einer älteren Dame fast das Augenlicht, als sie ungebremst ins Gestänge eines vor ihr befindlichen Regenschirms hineinlief. Der Mann mit den Holzkugeln im Bart rempelte eine Dame mit silber-blau-grauen Haaren im bodenlangen Nerzmantel an. Er konnte nichts dafür. Die Bewegung war unfreiwillig, er wurde geschubst. Danach fragte die Dame jedoch nicht. Drei Eierlikör klebten wie Rentierejakulat im teuren Pelz. Das Geschrei war groß.

Als hätte man einen Stein in stilles Wasser geworfen, durchlief das kleine Chaos wie eine unaufhaltsame Schockwelle den Wintermarkt.

Wenn man will, kann man von Klassenkampf auf dem Wintermarkt sprechen, aber all das war es nicht, was Hein und mich schließlich auf den Plan rief – nein, lautes Geschrei aus Richtung der Eislaufbahn erforderte unseren Einsatz.

Der Mann mit dem karierten Stoffhut hatte das Bremsmanöver versaut und war mit voller Wucht in die Bande gebrettert, wo er luftnötig hängen blieb.

»Isch trinke sonscht gar keinen Allohol!« Schwörend versuchte er, die Hand zu heben.

»Du Schlittschuhlegastheniker!«, brüllte seine Frau mit der merkwürdig ähnlichen Kopfbedeckung, bevor sie sich dem schnauzbärtigen Herrn widmete, der just mit zwei dampfenden Tassen Glühwein aus der Menge trat.

Unser Patient schien zwar emotional angegriffen, ließ die Situation jedoch unkommentiert.

Weil ich auf dem Eis, nach traumatischen Erfahrungen in Kindheit und Jugend, selbst kein Held bin, übernahm Hein die technische Rettung mittels eines sogenannten Spineboards, während ich mehr oder weniger sinnvoll von der Bande aus unterstützte.

Die Fahrt ins Krankenhaus verlief unspektakulär. Rippenserienfraktur und Steißbeinprellung lautete unsere Verdachtsdiagnose, während im Schwesternzimmer einsam und allein die erste Kerze brannte.

6. Dezember

»Da hat man einmal im Leben etwas vor, und schon wird man nicht pünktlich abgelöst«, ärgerte sich Hein, der heute mit einer blutjungen hübschen Anästhesistin auf dem Wintermarkt eine Glühweinnarkose ausprobieren wollte.

»Wer soll dich denn ablösen?«, fragte ich höflich interessiert, obwohl ich mir die Antwort schon denken konnte.

»Wer wohl?! Hermann, der einzige Notfallsanitäter, der die Uhr nicht lesen kann. Aber warte, ich ruf den Vogel jetzt an, womöglich liegt der noch mit dem Arsch im Bett«, antwortete Hein erbost und griff zum Telefonhörer.

»Es ist 16.15 Uhr, da liegt kein Mensch im Bett.«

»Hermann ist ja auch kein Mensch – Hermann ist ein A...« Mürrisch wählte Hein die Nummer. Den Hörer zwischen Schulter und Kopf ans Ohr gepresst, schaltete er auf Mithören und wartete ungeduldig, während in gleichbleibenden Abständen das Freizeichen erklang.

»Hermann Heubler«, meldete sich der Angerufene.

»Alter, wo bleibst du? Du sollst mich ablösen! Ich habe seit geraumer Zeit Dienstschluss«, schnauzte Hein in die Sprechmuschel.

»Sorry, Hein, aber ich steh im Kreuz West im Stau, hier geht gerade gar nichts, tut mir echt leid«, entgegnete der verspätete Kollege in einem fröhlichen Tonfall, der nicht recht zu seiner zerknirschten Aussage passen wollte.

Hein brauchte einen Moment, bis er antworten konnte. »Hermann, ich habe dich im Festnetz angerufen.« Dann legte er auf.

Mein Lieblingskollege wollte sich aufregen, er wollte platzen, kurzzeitig sorgte ich mich sogar um Hermanns körperliche Unversehrtheit, aber irgendwann gelang es mir, das Thema zu wechseln und dringlichere Probleme zu besprechen.

»Hein, was machen wir eigentlich an Heiligabend?«

»Ja, was wohl? Dienst!«, gab Hein knapp zurück.

»Das ist mir schon klar. Aber wer besorgt einen Tannenbaum? Wer kümmert sich ums Essen? Gibt es wieder kleine alberne Geschenke? Und so weiter. Wenn es kein ganz gewöhnlicher Dienst werden soll, dann müssen wir da noch einiges klären«, erklärte ich meine ursprüngliche Frage und schaute in große Augen.

10. Dezember, zweiter Advent

Die Diskussion über die Gestaltung des Festtagsmenüs war in vollem Gange. Teile der Wachabteilung präferierten den klassischen Kartoffelsalat mit Würstchen, andere waren durchaus gewillt, ein Buffet aus mitgebrachten Speisen zu organisieren, und eine dritte Gruppe wollte lieber selbst aufwendig den Kochlöffel schwingen.

»Das haben wir doch alles schon erlebt. Trockene Frikadellen, fader Nudelsalat von Leos Frau, Fleischsalat, der den Namen nicht verdient, und eine Rohkostbar von Markus. Ich kann den Scheiß nicht mehr sehen, wofür haben wir eigentlich eine neue Küche angeschafft?«, lamentierte Hein, bevor er seine Vorstellung des dienstlichen Weihnachtsmenüs zum Besten gab. »Rindfleischsuppe mit selbst gemachten Markklößchen, Schweinefilet im Speckmantel, dazu Böhnchen an einer Champignonrahmsoße oder wahlweise panierten Blumenkohl. Als Nachspeise eine hübsche Sektcreme oder Tiramisu«, schwelgte er mit wässrigem Mund und in der Gewissheit, die Mehrheit der Wachabteilung mit diesem Vorschlag auf seine Seite zu ziehen.

»Was gibt's als Sättigungsbeilage?«, fragte Michael durchaus kulinarisch interessiert.

»Wir könnten noch einen Rinderbraten dazu machen«, antwortete Hein, als uns ein Alarm aus der weiteren Planung riss.

Der Einsatzbefehl war mysteriös bis kryptisch: Hein und ich wurden – ohne Sonderrechte – im Rahmen der Unterstützung für die Polizei am städtischen Friedhof erwartet. Nähere Informationen sollten wir vor Ort erhalten, und so machten wir uns diffus spekulierend auf den Weg.

»Ein Sarg hat kein Regal, womöglich ist jemand noch nicht so weit und will noch am Leben teilhaben«, orakelte ich, was Hein als völligen Blödsinn abtat.

»Quatsch«, brummte er. »Trauerfeier von irgendeiner Unterweltgröße, und die Staatsmacht rechnet mit Problemen.«

Wir sollten beide unrecht behalten.

Es war früher Abend, und nachdem wir bei fortgeschrittener Dämmerung und trübem Mondlicht den Haupteingang zum städtischen Friedhof erreicht hatten, empfing uns unser alter Freund Polizeihauptkommissar Schnelle. Seine Schilderung der Einsatzlage war gewohnt knapp, jedoch gestenreich.

»Suizidal veranlagter männlicher Patient, 43 Jahre alt, abgängig aus psychiatrischer Einrichtung. Wer will es ihm verdenken? Verdammter Winter, fast sechs Wochen ohne Sonne! Ich will mich ja selbst schon weghängen«, erklärte er mit einer symbolischen Handbewegung. »Der Friedhof ist einer seiner Lieblingsplätze. Der Kerl war hier früher oft joggen, denkt euch also nichts dabei. Wir haben euch gerufen für den Fall der Fälle. Wir suchen mit Wärmebildkameras und einem Spürhund«, erklärte der Hauptkommissar und wandte sich ab, um weitere Details der Personensuche zu koordinieren.

»Bevor wir hier nur rumsitzen und Däumchen drehen – wir können uns gern an der Suche beteiligen. Vier Augen sehen mehr als zwei. Sie wissen, was ich meine? Ist nur so ein Gedanke«, schlug Hein generös vor, der auf langweiliges Herumsitzen und Abwarten gut verzichten konnte.

Nach meiner Meinung fragte, wie so oft, niemand.

PHK Schnelle blieb stehen, zögerte, überlegte einen Augenblick, gab sich dann aber einen Ruck. »Ist zwar eigentlich nicht eure Aufgabe, aber schaden kann es ja nicht. Ihr könnt den Hundeführer begleiten, dann bleiben wir über Funk verbunden, und die Spürnase hat auch noch Augen. Wartet hier, ich schicke euch Hund und Herrchen, dann könnt ihr zusammen Gassi gehen«, antwortete der Polizist mit einer Spur Ironie in der Stimme und ließ uns stehen.

Wir warteten. Wolkenfetzen zogen derweil am fast perfekten Vollmond vorbei, und das Licht des Erdtrabanten sorgte für eine filmreife mystische Stimmung. Wege, Hecken, Kreuze und Grabsteine changierten von hell zu dunkel, und wenn man nicht volljährig gewesen wäre – man hätte sich berechtigt fürchten dürfen.

Nach wenigen Minuten tauchte aus dem Dunkel eine langohrige schwarze Schnauze auf, die zu einem bayerischen Gebirgsschweißhund gehörte. Auch wenn der Rassename eher übel riechend und beunruhigend klingt – im Gegensatz zum Hundeführer war das Tier wunderschön. Schlank, circa fünfzig Zentimeter Widerrist, hirschrotes kurzes Fell und eleganter Gang konkurrierten an langer Leine mit eins sechzig Körpergröße, fünfzig Kilo Übergewicht, rostrotem Haar und eher behäbiger Fortbewegung.

»Mein Name ist Haseneier, und das hier ist Legolas. Klingt komisch, ist aber so«, stellte der Hundeführer sich selbst und seinen tierischen Kollegen vor. »Wir sollen wohl zusammen losziehen.«

Schnüffelnd begrüßte uns die Fellnase.

Während ich mir noch Gedanken über die phonetischen Möglichkeiten der Aussprache bezüglich des Nachnamens des Hundeführers machte, ging Hein bereits aufs Ganze.

»Ich will Ihnen ja nicht zu nahe treten, und ich bin ein großer Freund moderner Polizeiarbeit, aber finden Sie es nicht lächerlich, mit einem Leichenspürhund über einen Friedhof zu rennen?«, fragte er mit fast kindlicher Naivität.

Die folgende Tirade des anderen Endes der Leine enthielt im Wesentlichen folgende Begrifflichkeiten: »Idiot … Mantrailer ... Duftmoleküle der Zielperson ... verdammter Ignorant ... Geruchsbild des Menschen ... Blödmann ... Frühstück für den Hund ... von wegen Leichenspürhund ... Vollidiot ... keine Ahnung von gar nichts ... Geruch so einmalig wie Fingerabdruck ... mal schön am Arsch lecken«, und so weiter.

Just als Hein sich entschuldigend rechtfertigen wollte, krächzte das Funkgerät des Hundeführers. »Die Suche wird hiermit abgebrochen. Der Flüchtige wurde von einer Streifenwagenbesatzung in einer Filiale von Burger King gestellt, in der er ein sogenanntes Happy Meal bestellt hat.«

Kurze Zeit später entließen uns Polizeihauptkommissar Schnelle und der Hundeführer ohne weitere Verwendung aus dem Einsatz und wünschten noch schöne Festtage. Der Halter des vierbeinigen Kollegen allerdings vorbehaltlich eines möglichst nie eintreffenden Wiedersehens.

14. Dezember

Die Stimmung auf der Wache wurde zunehmend festlicher, schließlich musste man nur noch zehnmal schlafen. Nach drei eher fragwürdigen Notfällen war endlich die Menüfolge für den Heiligen Abend abschließend festgelegt worden, was durchaus als wachinterner Organisationserfolg verbucht werden konnte.

Was allerdings heute auf den Tisch kommen sollte, hatten wir noch nicht abschließend geklärt, und auch diese Problematik sollte nicht unterschätzt werden.

»Wie wäre es mal mit etwas ganz anderem! Wir können ja mal was ohne Fleisch kochen, vielleicht irgendwas mit Schinken?«, entfuhr es tolldreist unserem Auszubildenden Lars.

»Junge, für einen Moment dachte ich schon, du wärst verloren, aber jetzt erkenne ich dein Talent für analytisches Denken! Respekt!«, erwiderte Hein voller Inbrunst. »Du bist nicht nur auf das Wesentliche konzentriert, du hast auch noch Geschmack!«

Während wenig später Schinkennudeln in einer ganz leichten Champignonrahmsoße gereicht wurden, entbrannte die nächste Diskussion. Diesmal ging es um die Musikauswahl für die Weihnachtsschicht. Wer bis dahin keine Vorstellung von einem Generationenkonflikt hatte, der erlebte nun eine Lehrstunde.

Driving home for Christmas, Do they know it's Christmas und *All I want for Christmas* konkurrierten mit so schönem Liedgut wie *Alle Jahre wieder, Freuet euch ihr Christen, Kommet ihr Hirten* und *O du fröhliche*. Kleinster gemeinsamer Nenner zwischen den Ü- beziehungsweise U-Fünfzigern war am Ende *In der Weihnachtsbäckerei*, interpretiert vom Rolf, und *Last Christmas* von Wham.

17. Dezember, dritter Advent

Deutliches optisches Zeichen der besinnlichen Stimmungslage auf der Wache war ab heute eine zwei Meter sechzig hohe Nobilis-Tanne.

»Von wegen Nordmann! Ein Weihnachtsbaum muss nicht nur hübsch aussehen, man muss ihn auch gut riechen können«, kommentierte Roland seinen Kauf. Allerdings duftete der Baum tatsächlich nach abgelaufener Latschenkiefer, war zu hochgewachsen, dafür dürr, krumm und bereits vollkommen trocken.

»War ein Schnäppchen, oder?«, fragte ich mitleidig, während ich mich hoch motiviert am gemeinsamen Schmücken des doch sehr verwachsenen Nadelbaums beteiligte. Traditionell behängten wir die Zweige liebevoll mit Rettungsdienst-Verbrauchsmaterial. Mullbinden statt Lametta, Einwegspritzen statt Strohsternen und sterile Beatmungsfilter statt bunter Kugeln. Hein hatte sich darüber hinaus in den Kopf gesetzt, eine sechzehn Meter lange Lichterkette mit 780 LEDs um den Stamm zu wickeln.

»Der Baum muss von innen heraus leuchten!«, fabulierte er hochtrabend, bevor der Lautsprecher in der Wand die vorweihnachtliche Regie übernahm.

»Einsatz für den Löschzug West. Feuer in der Mommartzstraße 6, brennender Weihnachtsbaum im Erdgeschoss«, ertönte es sich mehrfach wiederholend.

Beim Ausrücken verhedderte ich mich in der von Hein ausgelegten Lichterkette, was nicht weiter schlimm war, jedoch die zweistündige kreative Arbeit der gesamten Wachabteilung zunichtemachte. Der hypothetische Filmtitel *Christmastree has fallen!* hätte die Situation passend beschrieben.

Keine Minute später rollten ein Löschgruppenfahrzeug, eine Drehleiter und ein Tanklöschfahrzeug ergänzt durch einen Rettungswagen zur in der Alarmierung angegebenen Adresse. Hein und ich besetzten den Rettungswagen, der in erster Linie zur Versorgung potenziell Verletzter gedacht war und darüber hinaus dem Eigenschutz der eingesetzten Feuerwehrkräfte diente.

Nach unserer Ankunft konnte, getreu dem Motto »Wie schnell ist nichts passiert?«, einmal mehr relativ zügig Entwarnung gegeben werden. Die Erkundung ergab ein angekokeltes

Weihnachtsbäumchen, das bereits in der Phase des Entstehungsbrands von den anwesenden Bewohnern gelöscht worden war. Die schnelle Alarmierung durch einen Heimrauchmelder hatte Schlimmeres verhindert. Als Ursache hielt man uns eine uralte Lichterkette entgegen, die man dem Eigentümer der Wohnung vermutlich in den 1960er-Jahren zum 18. Geburtstag geschenkt hatte.

Beim Verlassen der Wohnung geschah dann das eigentliche Unglück. Sebastian, ein durchaus als sportlich zu bezeichnender Feuerwehrmann mit guter Motorik, rutschte mit einem im Flur befindlichen Teppichläufer aus und verlor das Gleichgewicht. Dahinter anwesende Kollegen berichteten von zeitlupenartigen Bewegungsabläufen, vergleichbar mit Filmszenen aus der *Matrix*-Trilogie. Sebastian habe beim Fallen kurz die Schwerkraft aufgehoben, bevor er mit Pressluftatmer auf dem Rücken und rotierenden Armen und Beinen, einem flugunfähigen überdimensionalen Maikäfer gleich, auf den Rücken klatschte. Schmerzhafte Prellungen im Lendenwirbelbereich machten einen Transport ins zuständige Krankenhaus unabdingbar.

Auch wenn es mit der vorweihnachtlichen Stimmung in dieser Geschichte nichts zu tun hat: An dieser Stelle möchte ich eine bundesweite Kampagne gegen Teppichläufer anregen, die zu einer signifikanten Reduzierung der tödlichen Haushaltsunfälle beitragen könnte. Mit nichts weiter als ein paar blauen Flecken hatte Sebastian am Ende Glück. Wie viele Schwerverletze oder gar Tote sind jedoch jedes Jahr bundesweit zu beklagen, weil Teppichläufer, augenscheinlich ungefährlich, aber rutschbereit, neben Betten, in Fluren und Wohnzimmern liegen? Hier greift keine Statistik, hier überwacht kein Bundesamt. Dabei sind Tote durch Teppichläufer für meine Begriffe mit Brand- oder Verkehrstoten durchaus vergleichbar. Ein Tabuthema, das totgeschwiegen wird, mit extrem hoher Dunkelziffer.

Wussten Sie, dass nur circa drei Prozent aller Brandtoten direkten Kontakt zum Feuer hatten und dass alle anderen beklagenswerten Opfer zuvor einer Kohlenmonoxidvergiftung erlegen sind? Ähnlich verhält es sich beim vollkommen überflüssigen Bodenschmuck. Man stolpert über einen Teppichläufer und bricht sich den Oberschenkelhals. Daran stirbt man zwar meist nicht sofort, oft ist es allerdings der Beginn einer Reise ohne Wiederkehr. Operationen mit einem unkalkulierbaren Risiko, mögliche Infektionen mit Krankenhauskeimen oder lethargische Lebensjahre am Rollator können die Folge sein. Der volkswirtschaftliche Schaden ist immens, trotzdem scheint der Gesetzgeber auf diesem Auge blind zu sein. Nach durchaus sinnvoller Helm- und Gurtpflicht, Promillegrenzen, örtlichem Tempolimit und öffentlichen Rauchverboten muss die amtierende Regierung endlich ein umfassendes Verbot von Teppichläufern aller Art ins Auge fassen. Alles andere käme einem legislativen Organisationsverschulden gleich.

23. Dezember

Fröhlich pfeifend betrat Hein das Dienstplanbüro, das er vor fünfzehn Minuten verlassen hatte.

»Was ist denn mit dir los? Woher die gute Laune?«, erkundigte ich mich neugierig.

»Wie soll ich sagen? Nach dem Genuss einer Tasse schwarzen Kaffees hatte ich Besuch von der Kackfee! Ich möchte es

mal so ausdrücken: Mich hat gerade ein gewisser Erwartungs-
druck verlassen«, formulierte Hein knapp über der Gürtellinie,
während er sich zufrieden in seinen Bürostuhl fallen ließ, um
seine Aufmerksamkeit der Planung des Februar-Dienstplans zu
widmen.

Bevor ich zu einer Erwiderung ansetzen konnte, klingelte
das Telefon.

»Feuer- und Rettungswache West. Wie kann ich Ihnen
helfen?«, fragte ich in den Hörer. Meine Miene muss Bände
gesprochen haben, und die von mir ungläubig wiederholten
Gesprächsfetzen taten ihr Übriges. »Krank, ganz plötzlich, bis
zum 25. Dezember, du willst niemanden anstecken – ja, verstehe.«

»Wer war das?«, fragte Hein mit einer ganz bestimmten Vib-
ration in der Stimme, nachdem ich tief seufzend aufgelegt hatte.

»Ähh, Hermann. Er meldet sich ab heute bis zum 25. Dezember krank«, antwortete ich.

»Und was hat der reparaturanfällige Pflegefall? Trockene
Haut oder was?«, schnauzte Hein, wobei sich seine Stimme fast
überschlug.

»Schlimmer Husten.«

Es vergingen mehrere angespannte Minuten, bis Hein sich
mit dem Wunsch nach einer Delfintherapie an mich wandte.

»... Falls du noch kein Geschenk für mich hast – ich bin so
weit!«

24. Dezember, vierter Advent, Heiliger Abend

In der Nacht hatte es heftig geschneit. Der erste, quasi unerwartete Schneefall des Jahres sorgte gleich für weiße Weihnach-

ten – ein bisschen kitschig, aber auch irgendwie schön. Ein ausgedehnter Hundespaziergang am Morgen durch einsame winterliche Waldlandschaften sollte Entschädigung sein für den Verzicht auf die Familie am Abend.

Das klare Winterwetter schien den Menschen gutzutun. Hundehalter, die sonst eher mürrisch ihrer Wege gingen, grüßten heute und wünschten ein frohes Fest, und selbst die Zeit schien langsamer und friedlicher zu verstreichen.

Eine hünenhafte ältere Dame, die mir bei fehlender Hundeleine sonst gern mit dem Ordnungsamt drohte, frohlockte sogar, als sie mir begegnete. »Hach, wie schön! Ich liebe den Winter! Sie auch?«

»Och, ja. Der erste Schnee ist immer ganz hübsch«, antwortete ich, von ihrer freundlichen Art leicht irritiert.

»Nein, das meine ich gar nicht, junger Mann. Ich meine die Menschen! Die haben endlich mehr Kleidung am Leib. Wissen Sie, die meisten Leute haben kein Talent beim Ankleiden. Erst recht nicht, wenn die Temperaturen steigen. Wie oft wird selbst hier im Wald mein Auge beleidigt? Na ja, zu wem sollten die auch beten? Die Dicken und Hässlichen haben ja noch nicht einmal einen eigenen Schutzpatron«, erklärte die Dame mit leicht belehrendem Unterton und ließ mich stehen.

»Ah ja!«, sagte ich laut zu mir selbst und dachte auf dem restlichen Spaziergang über Begriffe wie Liebe, Vergebung, Harmonie und Karma nach.

Den Vormittag verbrachte ich mit Lebensgefährtin und Hund gemütlich auf der Couch, um am frühen Nachmittag das Haus Richtung Wache zu verlassen. Dienstbeginn war heute ausnahmsweise bereits um 16.30 Uhr. Auf meiner Wache eine

Selbstverständlichkeit an solchen Tagen, damit die bisher im Dienst befindlichen Kollegen tatsächlich einen Heiligen Abend und nicht nur eine Heilige Nacht mit ihrer Familie feiern können.

Die Tagschicht hatte es ruhig gehabt, eine Verlegung, ein relativ harmloser Fahrradsturz und ein minderschwerer Fall von »plötzlichem« Bauchschmerz seit drei Tagen, da darf man sich auch am 24. Dezember nicht beschweren. Gut gelaunt verabschiedeten sich die Kollegen in den Feierabend.

Wir Wachhabenden hatten uns vorgenommen, den Abend gemeinsam und im besten Wortsinn besinnlich zu verbringen.

Unterstützt von zwei Kollegen begann Hein mit den kulinarischen Vorbereitungen. Schweinefilets, auch wenn man es nicht glauben mag, wickeln sich nicht von allein in einen Speckmantel. Andere deckten den Tisch, und der Rest bereitete das Wichteln vor. Der Fernseher blieb aus, die Mobiltelefone wurden nur für weihnachtliche Zwecke genutzt, und »DJ Lars« präsentierte ein musikalisches Weihnachtslieder-Medley, das sich im Schneematsch gewaschen hatte.

Die erste ernst zu nehmende Störung des Abends erfolgte wenig später nicht durch einen Einsatz, sondern durch eine gemeinsame Abordnung aller örtlichen politischen Fraktionen, ergänzt durch ein Mitglied des Kirchenvorstands. In der Regel laufen diese Besuche immer gleich ab. Ein Sprecher der Delegation bedankt sich beispielhaft für den aufopferungsvollen Einsatz auch und gerade in dieser Nacht.

»Ihr Einsatz ist sozusagen alternativlos! Wer, ja wer, wenn nicht Sie, verdient gesellschaftliche Anerkennung? Und das sage ich auch immer meinen politischen Freunden: Eine Welt ohne Blaulicht ist ganz schön dunkel«, und so weiter und so fort. Das

Ganze dauert ungefähr drei Minuten, bis im Anschluss eine halbstündige Aufzählung der politischen Erfolge aus der letzten Legislaturperiode erfolgt. Dabei lächeln selbstverständlich nur die Mitglieder der Delegation, die mit Opposition nichts am Hut haben. Anschließend werden Stollen, Printen, Spekulatius und Jahreskalender übergeben, was das Ratsmitglied der UW (Ungebundene Wähler) als Vorteilsnahme im Dienst missbilligt.

Tauschen möchte man mit den Volksvertretern nicht. Machen sie sich in der Weihnachtszeit nicht auf den Weg zur Wache, stehen sie als Ignoranten da. Findet der Besuch statt, wird er als lästig und unnötig empfunden. Eine gewisse Ambivalenz darf den besuchten Mitarbeitern der Feuer- und Rettungswachen da ruhig unterstellt werden.

Nach der Aufwartung der Honoratioren sollte die Schicht in den gemütlichen Teil übergehen. Das Essen stand auf dem Tisch – Hein und seine Helfer hatten sich wirklich selbst übertroffen. Allerdings musste mich die Rindfleischsuppe mit selbst gemachten Markklößchen erst einmal allein über den Abend bringen. Das Schweinefilet im Speckmantel mit Böhnchen an einer Champignonrahmsoße würde später der Mikrowelle zum Opfer fallen, und was aus Sektcreme oder Tiramisu werden würde, wusste nur der liebe Gott. Denn Hein, unser Azubi Lars und ich wurden pünktlich nach der Vorspeise zu einem Notfall in die Blaugasse 69 gerufen.

»Häusliche Gewalt« hatte es in der Alarmierung geheißen, und, um Himmels willen, diesmal hielten die Worte des Leitstellendisponenten, was sie versprochen hatten. Die ursprüngliche Alarmierung hatte lediglich die Polizei auf den Plan gerufen. Der segensreiche Einsatz der einzig legitimen Ordnungsmacht im

Land war notwendig geworden, nachdem ein voll geschmückter Weihnachtsbaum samt Ständer in Metalloptik durch ein ungeöffnetes Fenster geflogen war und dadurch eher zufällig die Aufmerksamkeit der Nachbarn erregte, die just im selben Augenblick von einer ökologisch-alternativen Christmette heimgekehrt waren.

»So kann man doch mit keinem Baum umgehen!«, echauffierte sich der Familienvater beim Eintreffen der Polizei.

Die Kollegen in Blau setzten allerdings sehr schnell andere Prioritäten, und die Beendigung einer noch im vollen Gang befindlichen und durchaus mit harten Bandagen geführten Familienschlägerei stand ganz oben auf der Liste. Irgendwann traf die notwendige Verstärkung ein, sodass man sich schließlich auch um die Versorgung der Verletzten und die eventuell erforderliche Strafverfolgung Gedanken machen konnte.

Bei unserem Eintreffen parkten bereits drei Streifenwagen vor Ort, und Freund und Feind waren noch nicht ganz sauber voneinander getrennt. Immer wieder loderten kleinere verbale Scharmützel auf, aber zumindest haute man sich nicht mehr gegenseitig aufs Maul. Offensichtlich waren alte Gräben aufgebrochen und wurden lautstark thematisiert.

»Du alte Wachtel kannst mich mal! Geldgeil bis auf die Knochen. Und an wem bleibt die Pflege von der Schabracke hängen?«

»Du hast dich doch dein ganzes Leben mit Arschkriechen über Wasser gehalten!«

»Halt lieber den Mund – ich sag nur Ibiza 2011.«

»Noch ein Wort, und in deinem Arsch kann ein Reisebus wenden.«

»Fick dich!«

Lars, der aus einem behüteten Elternhaus stammte, war bereits jetzt anzumerken, dass ihn die Gesamtsituation geringfügig überforderte. Auf sein flüsternd klagendes »Aber es ist doch Weihnachten ...« achtete niemand.

Um diese pädagogische Problematik im Rahmen der Ausbildung konnten Hein und ich uns erst später kümmern, schließlich standen zunächst die Sichtung der möglichen Verletzten und die gegebenenfalls erforderliche Nachalarmierung weiterer Rettungsmittel im Vordergrund. Um eine diesbezüglich fundierte Rückmeldung absetzen zu können, bedurfte es zunächst einer gründlichen Erkundung. Was hier viele Worte in Anspruch nimmt, braucht auch in der Realität seine Zeit, zumindest dann, wenn man keinen völligen Blödsinn von sich geben möchte.

Die Verletzungen konnten im Großen und Ganzen als Schnitt- und Platzwunden zusammengefasst werden. Insgesamt gab es zwölf betroffene Personen, von denen vier behandlungswürdig waren. Hein beschrieb die Einsatzstelle so kurz wie passend als »Schlachtfeld«. Weinende Kinder, verzweifelte Erwachsene, ein schweineteurer zerbrochener Porzellankerzenleuchter, Speisen, die an den Wänden herunterliefen, Scherben aller Art – man hatte anscheinend mit vollen Schüsseln geworfen – und ein ausgelaufenes Süßwasser-Aquarium zeugten als Opfer und Kulisse zugleich von den zurückliegenden Ereignissen.

Der Angriff durch eine Durchreiche erfolgte dann ohne Vorwarnung.

»Wer war das?«, fragte Lars mit schwer verunsicherter Stimme. Ein Wurfgeschoss, bestehend aus einer Kasserolle voll dunkler Soße, hatte ihn nur knapp verfehlt. Offenbar war es der Polizei doch noch nicht gelungen, alle Konfliktparteien vollständig zu befrieden.

Hein schien ebenfalls überrascht. Jedenfalls verfolgte er, den Blick nicht abwendend und der Situation durchaus leicht entrückt, einem halbierten Champignon beim Herabgleiten an einer glatten und bis dahin weißen Schranktür.

»Hast du sie noch alle auf dem Christbaum, oder was? Hör mit der Scheiße auf! Wir sind die Guten!«, rief ich erbost und bereit, den sofortigen Rückzug aus dem gerade betretenen Wohnzimmer anzutreten, falls der Beschuss sich fortsetzen sollte.

»Euch habe ich genauso wenig eingeladen wie die Bullen! Macht euch einmal im Leben nützlich und verschwindet am besten sofort wieder! Als Nächstes fliegen keine Löffel, und ich werfe auch nicht noch einmal mit Absicht vorbei!«, drohte eine leicht heisere, weibliche Stimme.

Hein dachte, jetzt wieder ganz bei sich, laut über den Einsatz der GSG 9 nach, während ich beim Klang der Stimme ein Déjà-vu erlebte. In der Küche, bereit, den Rettungsdienst zu meucheln, saß zweifellos die Dame, der ich am Vormittag im Wald begegnet war. Betonung und Stimmfarbe waren unverwechselbar – ich konnte mich nicht irren.

»Sind Sie das?«, rief ich so unbestimmt wie verblüfft in Richtung Küche.

»Natürlich bin ich das! Was für eine dämliche Frage! Wer soll ich denn sonst sein?«

»Da hat die Dame irgendwie recht«, warf Lars flüsternd ein.

»Nein, ich meine, sind Sie die Frau aus dem Wald?«, formulierte ich, ohne auf unseren Azubi zu achten.

»Und ob, du Schnösel! Ich weiß zwar nicht, woher du es weißt, aber ich komme tatsächlich aus dem Westerwald. Da ist es ein halbes Jahr lang kalt, und dann kommt der Winter. Aber warum interessiert dich das? Verschwinde einfach!«, schallte es immer noch unfreundlich, aber nicht mehr ganz so aggressiv aus der zum Schützengraben umfunktionierten Küche.

»So war das nicht gemeint. Wir sind uns heute Morgen schon einmal über den Weg gelaufen. Im Wald, verstehen Sie? Ich bin der junge Mann, dem Sie ein frohes Fest gewünscht haben«, erklärte ich vorsichtig. »Wir wollen uns nur kurz mit Ihnen unterhalten, um zu klären, was hier passiert ist, und um sicherzugehen, dass Sie unverletzt sind.«

Es folgte eine längere Pause, circa dreißig Sekunden lang passierte gar nichts.

»Dass Ihr Weihnachtsmänner nicht gekommen seid, um Lieder zu singen, war mir vorher klar!« Mit diesen Worten betrat eine ältere Dame, die ich noch nie zuvor gesehen hatte, die Wohnzimmerbühne und baute sich majestätisch vor uns auf. Die Stimme hatte mich zwar aufs winterliche Glatteis geführt, aber zumindest hatte die Gute ihre Deckung aufgegeben und schien unverletzt, auch wenn man sie nicht geschont hatte. Ein dunkler Rock trug geschätzt zwei Liter Sauce Hollandaise in sich, die Bluse war mächtig zerknittert und die Frisur vollkommen derangiert. Nach einiger Diskussion ließ sich die Dame auf ein paar orientierende Untersuchungen ein, verweigerte jedoch schon vorauseilend den Transport in ein Krankenhaus.

»Ihr könnt gern den Rest der sogenannten Familie wegfahren«, erklärte sie unmissverständlich, als sich Lars einmischte, um ebenfalls noch eine sinnvolle Frage zu stellen: »Ähh, Entschuldigung. Nur für den Bericht – haben Sie Vorerkrankungen?«

Ein Seufzer verließ die Dame, bevor sie antwortete: »Vorerkrankungen? Und ob! Zwei Ehemänner, aber das ist ausgeheilt, wenn Sie verstehen. Ansonsten drei Kinder! Sonst noch was?«

»Was war doch gleich der Grund für die Auseinandersetzung? Auch nur für den Bericht, der Vollständigkeit halber«, erkundigte sich Hein, den immer eine gewisse Neugier für Ursache und Wirkung antrieb.

»Es fehlte ein Stück Fleisch! Jemand hat genascht – und dann ging es auch schon rund. Nun freut sich die Familie schon auf ein gemeinsames Silvester.«

Es blieb dabei: Vier von zwölf Familienmitgliedern waren aufgrund von Schnitt- und Platzwunden krankenhausreif.

Lars verstand die Welt immer noch nicht, da half es auch nichts, dass Hein väterlich erklärte: »Mach dir nichts draus, mein Junge. Ich habe früher auch nie verstanden, dass ein Drittel mehr ist als ein Viertel.«

Die Rückfahrt zur Wache war diesmal weniger spektakulär als wegen diverser bunt blinkender Rentiere einfach nur geschmacklos. Der Einsatz hatte fast zwei Stunden in Anspruch genommen. Zeit genug, dem gesamten restlichen Schweinefilet den Speckmantel zu rauben. Von einem ruhigen restlichen Heiligen Abend konnte allerdings keine Rede sein. Alle Rettungskräfte hatten gut zu tun, das gesamte Einsatzspektrum einmal rauf und runter. Bevor der Dienst im frühen Morgengrauen endlich endete, wichtelten wir noch schnell, denn niemand wollte den mitgebrachten Scheiß wieder mit nach Hause schleppen.

Ich erhielt eine Penishantel aus dem Scherzartikelsortiment. Hein bekam einen Gutschein für ein Essen zu zweit – wobei der zweite Gast schon feststand. Nein, nicht die blutjunge Anästhesistin, sondern Hermann. Weihnachten ist schließlich auch ein Fest der Nächstenliebe.

Herr Reinsch, ein OP-Hemd und ein Koffer

Befriedigung und Enttäuschung liegen oft nah beieinander

Ich stand vorm Kalender und markierte das Datum mit drei dicken roten Kreuzen. Krankheitsbedingte Ausfälle hatten zu akutem Personalmangel geführt, sodass ich quasi zwangsläufig zum Fahrzeugführer des Löschfahrzeugs (LF) befördert worden war. Zwar verfügte ich schon seit über einem Jahr über die notwendigen Qualifikationen, die Verteidigung alter Pfründe und ein explizit benannter Personenkreis hatte meinen Einsatz in dieser Funktion bislang jedoch verhindert.

Noah hatte es hart erwischt. Beim Joggen hatte er in vollem Lauf Bekanntschaft mit einem circa neunzig Zentimeter hohen Altstadtpfeiler gemacht und sich eine wirklich üble Hodentorsion zugezogen.

Auf der Geschicklichkeitsskala gleich nebendran lag Thomas, der sich beim schwungvollen, aber leider unaufmerksamen Öffnen der Beifahrertür des Löschfahrzeugs höchstpersönlich das eigene rechte Schlüsselbein zertrümmert hatte.

Urlaubs- und Elternzeit taten ihr Übriges, und obwohl es meinen Vorgesetzten überhaupt nicht schmeckte, saß ich plötzlich und unerwartet vorn rechts im LF und hatte das Sagen.

Was in dieser Konstellation als Seltenheit im Kalender vermerkt werden darf, war für mich neben der Herausforderung aber auch eine Bürde. Natürlich freute ich mich über die mir übertragene Verantwortung, aber neu in der Situation angekommen, merkt man erst, wie schwer ein weiteres Funkgerät und die Schlüsselgewalt über die halbe Stadt wirklich ist – und ich rede gerade beileibe nicht über die tatsächliche Masse dieser Ausrüstungsgegenstände in Gramm oder Kilogramm.

Gott sei Dank hatte der Bürger ein Einsehen und konfrontierte mich zunächst nur mit Standardeinsätzen, meine Kollegen sprachen sogar von Lappalien.

Die ersten Einsätze meiner jungen Fahrzeugführerkarriere fielen allesamt in die Kategorie »ausgelaufene Betriebsstoffe aus einem Kraftfahrzeug«, was zwar sperrig klingt, die Sache jedoch ausgesprochen passend beschreibt. Von Kondenswasser aus der Klimaanlage, harmlosem Wischwasser bis hin zu Kraftstoff oder Motoröl kann alles dabei sein, und so hörte ich bereits am frühen Nachmittag zuverlässig auf den Spitznamen »Der Ölprinz«.

Mein berufliches Selbstverständnis wurde wieder einmal auf die Probe gestellt beziehungsweise neu kalibriert. Der Feuerwehrmann an sich löscht ja lieber Feuer, anstatt die Straße zu kehren. Heute durfte ich lernen, dass in meiner aktuellen Funktion der Kugelschreiber den Besen ersetzte und sich meine praktische Tätigkeit darauf reduzierte, Personalien und Einsatzdaten aufzunehmen, um daraus irgendwann einen Einsatzbericht zu formulieren.

Während ich romantisch über einen Sonnenaufgang am Strahlrohr in der Spätphase eines nächtlichen Großfeuers sinnierte, nahmen Hein und zwei weitere Kollegen verunreinigtes Ölbindemittel auf, als uns die Leitstelle über Funk ansprach.

»LF-West einsatzbereit?«, tönte es aus dem Lautsprecher des Funkgerätes.

»Wenn es keine weitere Ölspur ist, selbstverständlich«, antwortete ich wohl etwas zu selbstbewusst.

»Wir sind hier nicht bei ›Wünsch dir was‹!«, bellte mir der Disponent prompt entgegen. »Du Frischling kehrst die ganze Stadt, wenn die Leitstelle es dir sagt. Aber dafür haben wir jetzt keine Zeit. Für euch geht's in den Griechischen Hof, Hausnummer 101, auf den Namen Reinsch. Dort befindet sich eine Person in einer Notlage hinter verschlossener Wohnungstür. Der Notruf war etwas speziell, na ja, fast sogar exotisch, die Polizei rollt auch an.«

»Junge, Junge, für deine erste Schicht als Häuptling ziehst du die Scheiße echt an«, amüsierte sich Hein. »Nicht, dass wir im Griechischen Hof auch noch ausgelaufene Betriebsstoffe beseitigen müssen, haha ...« Offenbar ahnte er bereits mehr, als meine Fantasie überhaupt hergab.

Die Anfahrt kostete uns nur wenige Minuten, und bei der Ankunft an der Einsatzstelle war ich fast ein wenig enttäuscht. Die Leitstelle hatte so etwas wie einen Spannungsbogen in mir erzeugt, die Situation an der angegebenen Adresse erwies sich jedoch als unspektakulär. Ein gewöhnliches Mehrparteienhaus in geschlossener Bauweise in einem sozial leicht überdurchschnittlichen Stadtteil. Von Hilferufen war nichts zu hören, und von der Polizei fehlte auch noch jede Spur.

Meinen Angriffstrupp im Schlepptau, entschloss ich mich zunächst, den in der Alarmierung genannten Namen mit den Klingelschildern abzugleichen.

»Dann wollen wir doch mal sehen, ob hier jemand wohnt, der Reinsch heißt!«, dachte ich viel zu laut, als Hein auch schon vor Lachen in sich zusammenbrach und für mindestens dreißig Sekunden nicht einsatztauglich war. Ich selbst habe den Wortwitz erst Stunden später begriffen.

Tatsächlich gab es ein Klingelschild, das mit dem Namen Reinsch beschriftet war. Dort zu klingeln, würde allerdings wahrscheinlich wenig Sinn ergeben, denn wenn der Herr selbstständig die Türe öffnen könnte, hätte er wohl kaum die Feuerwehr alarmiert. Diese und ähnliche Überlegungen gingen mir durch den Kopf, und so klingelte ich nicht nur bei Herrn Reinsch, sondern auch bei den Hoffmanns, Familie Busch und Frau Waldfeucht.

Letztere hatte unser Eintreffen nicht nur als Erste wahrgenommen, sondern sogar genauestens beobachtet. Die Haustür bereitwillig zu öffnen, betrachtete sie quasi als Bürgerpflicht, für deren Erfüllung sie allerdings ein paar Informationen als Gegenleistung einforderte.

»Warum sind Sie denn hier? Was ist denn passiert?«, fragte sie neugierig.

»Sie müssen sich keine Sorgen machen. Ein Nachbar braucht unsere Hilfe, für Sie besteht keine Gefahr«, antwortete ich beschwichtigend.

Statt nachzuhaken erwiderte Frau Waldfeucht nur: »Och nö, hat er wieder was im Po? Mit der Feuerwehr – jetzt übertreibt er aber!« Mit diesen Worten wandte sie sich ab und schlurfte in altmodischem Kittel und ausgetretenen Sandalen fast gelangweilt zurück in ihre Wohnung.

Ich vermied es, mir weitere Gedanken über die mögliche Bedeutung von Frau Waldfeuchts Ausführungen zu machen, und führte meinen Angriffstrupp die Treppe hinauf. Im vierten Obergeschoss angelangt, nahm Hein Kontakt zu Herrn Reinsch auf.

»Hallo! Hier spricht die Feuerwehr! Können Sie uns hören? Geht es Ihnen gut?«, brüllte er durch die geschlossene Wohnungstür, sodass seine Stimme durchs ganze Treppenhaus hallte.

»Ja, ich bin soweit o. k.! Aber ich bin gefesselt. Bitte helfen Sie mir!«, verlautete es gedämpft aus der Wohnung.

Für die Feuerwehr gehört es zum täglichen Geschäft, sich Zutritt zu verschlossenen Räumen zu verschaffen, je nach Situation mal mit mehr oder weniger, im Idealfall sogar ganz ohne Sachbeschädigung. Im hier beschriebenen Fall wurde es indes zunehmend kompliziert.

Bitte verzeihen Sie, lieber Leser, dass ich an dieser Stelle nicht allzu sehr ins Detail gehe, aber schließlich soll der Text keine Anleitung zum Einbruch werden. Deshalb hier in aller Kürze: Tricks und Kniffe führten aufgrund baulicher Maßnahmen nicht zum Erfolg, ein Fenster einzuschlagen, hätte eine Drehleiter erforderlich gemacht und stand auch sonst in keinem Verhältnis. Der Versuch, den Schließzylinder mit einfachen Mitteln zu entfernen, scheiterte, und vom hydraulischen Aufspreizen der gesamten Tür wollte ich absehen. Nach kurzer Besprechung der übrigen Alternativen entschlossen Hein und ich also, den bereits beschädigten Schließzylinder auszufräsen, was zwar relativ wenig Sachbeschädigung, dafür aber viel Lärm bedeutete. Falls noch irgendein Bewohner des Hauses keine Kenntnis von unserer Anwesenheit hatte – spätestens jetzt waren alle im Bilde.

Mit einem hohen, unangenehmen und alles durchdringenden Geräusch, das am ehesten an einen Zahnarztbohrer erinnerte, der sich in der eigenen Mundhöhle viel zu laut durch einen eigentlich vollkommen gesunden Backenzahn dreht, arbeitete sich ein kleiner diamantbesetzter Fräskopf durch das Metall.

Dabei fielen kleine Späne auf eine Fußmatte mit der Aufschrift »… von zart bis hart – alles kann, nichts muss …«.

Als sich die Tür nach zwei weiteren kleinen Arbeitsschritten schließlich öffnete, offenbarte sich uns ein Anblick, der eine Beschreibung durchaus lohnt.

Eines vorweg: Herr Reinsch hatte Geschmack. Seine Maisonettewohnung verfügte über Holzdielenboden, exquisite Wandbeläge und dazu passende Lampen mit gedimmtem Licht. Die Möblierung wirkte teuer und alt, aber nicht altertümlich, und moderne ansprechende Bilder sorgten für den notwendigen Kontrast. Ins Obergeschoss der Wohnung führte eine Holzwendeltreppe, die eine aufwendige, matt gestaltete Metallkonstruktion begleitete, die als Geländer diente.

Auf einer der unteren Stufen saß Herr Reinsch. Seine Hände waren mit Handschellen am Handlauf fixiert, aber ihm blieb noch ausreichend Bewegungsfreiheit, um aufzustehen.

Hätte er das doch unterlassen!

Statt einer ausgestreckten Hand (wie auch …?) ragte uns eine riesige einäugige Hosenschlange entgegen, die einen durchaus aufgeregten Eindruck machte. Herr Reinsch zeigte dabei ein leicht pikiertes, gleichzeitig jedoch irgendwie amüsiertes Gehabe. Eventuell lag das daran, dass seine gegenwärtige Garderobe lediglich aus einem blassblauen OP-Hemd bestand.

Hein fackelte nicht lange. Er betrat energisch den Raum, griff das OP-Hemd und lupfte es über den nervös zuckenden Kopf der Schlange.

»Habe ich mal in einer Reportage über Königskobras auf RTL2 gesehen. Einfach ein Tuch drüber. Wenn es dunkel wird, beruhigen sich die Biester«, erklärte er mit einer Nonchalance, die ihresgleichen suchte.

Herr Reinsch geriet derweil ins Plaudern. »So ein Arschloch! Und dafür habe ich auch noch teures Geld bezahlt. Klar, Fesselspiele waren verabredet. Aber mich hier anketten und dann abhauen – das ist ja wohl das Allerletzte! Ramon hieß der junge Mann, aber das sage ich Ihnen, der kommt mir nicht mehr ins Haus! Sie glauben nicht, wie unangenehm es mir ist, Sie rufen zu müssen. Aber andererseits, vielleicht wendet sich ja alles noch zum Guten!?«

»Das hat es doch schon«, unterbrach ich den Redefluss. »Wir sind ja jetzt hier und werden Sie aus Ihrer misslichen Lage befreien.«

Ein eher süffisantes »Hhhmmm!« war die nur schwer einzuordnende Antwort.

Ich fuhr fort: »Die Handschellen wirken nicht sonderlich stabil, damit sind wir schnell fertig. Einmal mit dem Bolzenschneider knick-knack, und dann sind Sie auch schon frei. Der Rest fällt ja eher in den Bereich der Freiheitsberaubung, also ein Fall für die Polizei. Die müsste eh gleich eintreffen, ich wundere mich schon, wo die Kollegen bleiben. Also, wenn man Ihnen sonst nichts angetan hat, dann, äh, würde ich Sie gleich an die Polizei übergeben.«

»Och nee! Wer hat denn die Polizei gerufen? So ein Blödsinn!« Herr Reinsch wirkte nicht nur enttäuscht, sondern fast erbost. Sollte bis jetzt noch eine kleine Beule in der Silhouette des OP-Hemds sichtbar gewesen sein, schmolz sie nun endgültig dahin. »Kein Mensch braucht hier die Polizei! Wofür der Aufstand? Sie sind doch jetzt da und befreien mich. Eigentlich ist

gar nichts passiert. Und ruinieren Sie mir bloß nicht die Handschellen. Von wegen Bolzenschneider – die Schlüssel sind in
einer kleinen roten Schatulle in einem Koffer im Schlafzimmer.
Der liegt auf dem Bett.« Eine kokette Kopfbewegung wies uns
den rechten Weg.

Ob mit oder ohne schweres Gerät – wie die Handfesseln aus
Metall letztendlich geöffnet wurden, war mir vollkommen egal.
Also machte ich mich auf den Weg ins Schlafzimmer. Hein rief
mir zwar noch warnend »Vorsicht, nicht dass Ramon noch im
Bett liegt« hinterher, aber davon ließ ich mich nicht beirren.

Angstfrei betrat ich das Schlafgemach und ließ instinktiv
den sogenannten Würfelblick (einen Raum von innen aus jeder
Perspektive/Seite betrachten) schweifen. Augenblicklich änderte
sich mein Gefühl.

Ein Andreaskreuz an der Wand, Ösen aus Schmiedeeisen
links und rechts vom Bett und ein großer Fleischerhaken in
der Decke – da kann man schon mal nachdenklich werden. Ich
atmete tief ein, schaltete von Würfel- auf Tunnelblick und kon-
zentrierte mich auf den besagten Koffer, der tatsächlich auf dem
Bett lag. Ein paar Riemen, ein paar Nieten, etwas Leder, wovor
sollte man da Angst haben?

Ich kann es Ihnen sagen! Vor dem Inhalt.

Natürlich hatte ich mit mehr als nur schmutziger Unterwä-
sche gerechnet, aber die Spielzeugsammlung für die sehr großen
Jungs übertraf dann doch meine Erwartungen. Mit Gummi-
handschuhen an den Händen durchwühlte ich den Koffer nach
der besagten Schatulle.

Neben herkömmlichen Dildos fanden sich Peitschen und
ein weiteres Schlaginstrument, das mich fatal an einen Küchen-

freund erinnerte. Darüber hinaus eine Vakuumpumpe mit dem schönen Namen »Enlarger 3000+« und weitere Geräte, die der Stimulation dienten und so aussahen, als hätte ein unbegabtes Kind mit Knete gespielt. Ein noch eingepacktes Kunststoffgebilde, das mich sehr an einen Nothammer erinnerte, wie er in öffentlichen Verkehrsmitteln hängt, offenbarte sich als Prostatastimulator und ließ mich unwillkürlich über die hohe Diebstahlrate dieser Werkzeuge nachdenken. Dass verschiedene Utensilien sogar über eine Fernbedienung verfügten, sei nur der Vollständigkeit halber erwähnt.

Wo ich herkomme, heißt es »Jedem Tierchen sein Pläsierchen«, und seien Sie versichert, dass ich beileibe nicht prüde bin. Aber ein Analstopfen, der einem Spreizdübel aus dem Baumarkt glich und an dessen unterem Ende ein circa fünfzig Zentimeter langer Schweif aus dunklem Rosshaar angebracht war, überstieg dann doch meine Vorstellungskraft.

In solchen Momenten nimmt man seelischen Schaden; gewisse Bilder im Kopf verursachen nun mal Kratzer auf der kleinen Glasseele. Da half es auch nichts, dass Hein, der inzwischen ebenfalls den Raum betreten hatte und mir über die Schulter schaute, spontan einen alten Witz raushaute: »Mann mit Pferdeschwanz gesucht – Frisur egal! Jetzt verstehe ich ... haha.«

Endlich fand ich das kleine rote Kästchen. Mit einer gewissen Zurückhaltung öffnete ich es. Wer konnte schon ahnen, was sich im Inneren verbarg? Wie angekündigt, war es dann aber doch nur ein kleiner Schlüssel mit einem schwarzen Herz als Anhänger.

Noch bevor ich die Handschellen, die Herrn Reinsch immer noch seiner Freiheit beraubten, öffnen konnte, betrat, wie sollte es anders sein, Polizeihauptkommissar Schnelle die Maisonettewohnung, und mit einer gewissen Erleichterung übergab ich nicht nur den Schlüssel, sondern auch die gesamte Einsatzstelle dem Beamten der Exekutive.

»Warum fahre ich euch eigentlich nicht gleich hinterher? Ich bin eh fast bei jedem zweiten Einsatz gefragt, bei dem du und Hein aufschlagen«, bemerkte der Polizist leicht genervt, bevor er sich die Details der Szenerie erklären ließ.

Herr Reinsch machte derweil den Eindruck, als wäre er mit der Gesamtsituation vollkommen unzufrieden, jedwede Erregung hatte sich beruhigt, stattdessen formulierte er unablässig sein Unverständnis über den betriebenen Aufwand. Wobei der Straftatbestand der Freiheitsberaubung zu seinen Ungunsten nach wie vor im Raum stand.

Die Kräfte der Feuerwehr verließen irgendwann frustriert die Einsatzstelle. Herrn Reinsch hatten wir ja nun nicht wirklich gerettet, sondern allerhöchstens bei der Befreiung geholfen, und irgendwie wurden wir das Gefühl nicht los, nur Teil des Spiels gewesen zu sein. Selbst die Polizei wirkte fehl am Platz.

Ob Ramon wirklich existierte, darf bezweifelt werden. Herr Reinsch wäre durchaus auch selbst in der Lage gewesen, sich an das Treppengeländer zu ketten. Irgendwie gab es diesmal nur Verlierer, und ich persönlich fühlte mich sogar auf subtile Art und Weise sexuell belästigt.

Privatsphäre

Ist Zimmer 7 noch frei?

Der Saunameister leistete ganze Arbeit. Mit einem vernehmlichen Knall schlug er sein Handtuch und brachte damit die neunzig Grad heiße Luft in Bewegung. Auch ohne diese gut gemeinte Dienstleistung fiel mir das Atmen schon schwer genug, und dies aus zwei Gründen. Erstens war ich nicht an nordische Saunarituale gewöhnt, und zweites hatte mich meine langjährige Lebensgefährtin noch nie zuvor zum Wellnessnachmittag mit ihren Freundinnen eingeladen.

Da saß ich nun als einziger Mann zwischen einem Dutzend hübscher nackter Nymphen und fragte mich, wo das alles enden würde. Als die von einer Sanduhr bemessene halbstündige Ewigkeit endlich vorüber war, verließen zwölf schöne Schwäne und ein hässliches Entlein gemeinsam die Sauna.

Was jetzt schon nach der Fantasie eines pubertierenden 16-Jährigen klingt, wurde noch verrückter. Die Damen begannen mich zärtlich mit Eis abzureiben, um meinen Körper vom Schweiß zu befreien – dann geschah das Unglück. Eine nach der anderen wurde ohnmächtig und sank darnieder. Meine Lebensgefährtin, die sich als Letzte noch aufrecht hielt, rief verzweifelt: »Jörg – hilf uns! Du bist doch Notfallsanitäter ...«

»Internistischer Notfall! Am Tafelkreuz 15. Einsatz für den RTW 3-1. Internistischer Notfall! Am Tafelkreuz 15. Einsatz für den RTW 3-1«, schallte es aus dem Wandlautsprecher.

Ich schnellte hoch, aber so ganz war ich noch nicht bei mir. Der Versuch, mir etwas anzuziehen, scheiterte daran, dass ich gar nicht nackt war, bis mir einen Augenblick später klar wurde, dass ich nur geträumt hatte. Mein Funkmeldeempfänger am Gürtel vibrierte noch, der Einsatz war also real, und wie ich Hein kannte, wartete er bereits ungeduldig mit laufendem Motor in der Fahrzeughalle.

»Und Marion hat dich wirklich zum Wellnessnachmittag mit ihren Freundinnen eingeladen? Alter, du träumst echt krassen Scheiß!«, stellte mein Kollege treffend fest, als wir wenig später zur angegebenen Adresse eilten.

Die Einsatzstelle befand sich in einem echten Nobelviertel. Hohe Mauern und Hecken, Zäune sowie Überwachungskameras gehörten hier zum guten Ton der Grundstücksumfriedung, nicht immer hübsch, aber subjektiv scheinbar notwendig. Über eine großzügige Einfahrt fuhren wir in die Auffahrt, die mit einem schmiedeeisernen Tor und einer Gegensprechanlage gesichert war. Mit kräftigem Druck betätigte ich einen Klingelknopf.

»Da sind Sie ja endlich! Passen Sie bitte auf, wir haben zwei Hunde!«, sprach eine Stimme in übertrieben damenhaftem Tonfall aus dem Lautsprecher zu uns.

»Das macht nichts, wir sind ebenfalls zu zweit«, antwortete Hein lapidar, bevor sich das Tor öffnete und wir durch einen Tunnel aus mit Jasmin bewachsenen Metallbögen zur eigentlichen Eingangstür rollten. Dort empfing uns Frau Paffrath, die Ehefrau des Patienten, begleitet von zwei kläffenden Dackeln.

»Meinem Mann geht es gar nicht gut. Aber das ist ja nichts Neues. Seit der Kerl pensioniert ist, vegetiert der nur noch vor sich hin. Gestern noch Reden für den Minister geschrieben und heute froh, wenn er einfache Kreuzworträtsel lösen kann. Schlimm! So was von faul geworden! Wie ein überreifer Apfel. Ich will nichts sagen, finanziell müssen wir uns keine Sorgen machen. Aber der Sinn des Lebens besteht doch nicht darin, im Bett zu liegen und alte *Columbo*-Folgen im Fernsehen zu gucken«, echauffierte sich die Dame des Hauses, während sie uns hereinwinkte.

Die Heimstatt selbst war ein architektonischer Gegenentwurf zum sozialen Wohnungsbau. Ich kenne Großfamilien in Südostasien, die allein in der Diele mit drei Generationen genug Platz gefunden hätten. Überhaupt schien das Ehepaar Paffrath Raum zu brauchen. Im Wohnzimmer hätte man Tennis spielen können, das Badezimmer hätte dem Schwimmunterricht von zwanzig Vorschulkindern Genüge getan, und das Schlafzimmer bot ausreichend Platz, um einer altrömischen Kohorte als Aufstellfläche zu dienen.

Hier, inmitten eines Bettes mit den Ausmaßen eines Aldi-Parkplatzes, fanden wir den mutmaßlichen Patienten Herrn Paffrath. Der Gute bemerkte uns zwar, ging jedoch nur minimal auf unsere Anwesenheit ein. Eine gönnerhafte Geste musste als Begrüßung reichen. Tatsächlich schwankte ich bei der Einschätzung des Patienten hin und her. Obwohl ich mir nach zwanzig Jahren im Beruf einen gewissen klinischen Blick anmaßen darf, war ich mir bei Herrn Paffrath nicht sicher. Zwischen pensionsbedingter Alterslethargie und wirklich sterbenskrank war alles möglich. Eine fundierte Patientenbefragung, in Fachkreisen auch Anamnese genannt, war also erforderlich.

»Guten Tag, Herr Paffrath. Sie haben den Rettungsdienst alarmiert. Was fehlt Ihnen denn? Beziehungsweise wie können wir helfen?«, begann ich ganz förmlich das Patientengespräch.

»Nennen Sie mich ruhig Leo, als Kurzform von Leonhard ...«, antwortete der Herr des Hauses, als ihn Frau Paffrath unterbrach.

»Mein Mann sieht Doppelbilder«, erklärte sie. »Und biete nicht immer Hinz und Kunz sofort das Du an! Wie oft habe ich dir das schon gesagt!«

Ich ignorierte den giftigen Einwurf und erkundigte mich, betont an Herrn Paffrath gewandt: »Gibt es Vorerkrankungen, die wir kennen sollten?«

Wieder antwortete die Gattin unseres Patienten: »Bis zur Pension war er kerngesund, mein Mann war zwecks Geburt im Krankenhaus. Danach nicht mehr.«

Hein intervenierte. »Würde es Ihnen etwas ausmachen, wenn Ihr Mann unsere Fragen beantwortet? Das gibt uns einen viel besseren Eindruck über seinen Zustand.« Manchmal bewundere ich, wie es ihm gelingt, zuvorkommend freundlich zu klingen, obwohl ich genau weiß, was hinter seiner Stirn für fürchterliche Schimpfworte aufblitzen.

Frau Paffrath hob theatralisch ihre Hände, so als wolle sie ihre lang verlorene Unschuld bezeugen, und antwortete mit einem schnippischen »Bitte! Wenn Sie glauben, dass Ihnen das weiterhilft.«.

»Entschuldigung, aber gerade bei Doppelbildern können neurologische Ursachen eine Rolle spielen, und für uns ist es wichtig zu sehen, ob Ihr Mann adäquat und orientiert antwortet«, sprang ich Hein bei, aber die Dame hatte bereits alle Schotten dichtgemacht.

»Das Einzige, was hier noch adäquat bedient wird, ist die Fernbedienung!«, erwiderte sie, wandte sich ab und verließ den Raum.

»Dann wäre das also auch geklärt«, bemerkte Hein, während Herr Paffrath deutlich hörbar und erleichtert seufzte.

»Männer, ich habe es nicht leicht«, sagte er. »Das mit den Doppelbildern hat sich schon wieder erledigt. Die waren eben mal da, sind aber jetzt auch schon wieder weg. Hatte ich früher auch schon mal, bloß habe ich dieses Mal den Fehler gemacht, es laut auszusprechen, versteht ihr?«

»Verstehe ich sehr gut! Aber auf die leichte Schulter wollen wir die Sache auch nicht nehmen. Wir machen einfach mal ein paar Untersuchungen«, schlug ich vor, und unser Patient nickte wohlwollend.

Hein erfragte weitere Symptome, mögliche Allergien, Vormedikation und eventuelle Risikofaktoren, während ich das sogenannte Patienten-Monitoring mit EKG, Sauerstoffsättigung sowie Puls- und Blutdruckmessung anlegte. Geringfügig erschwert wurde meine Tätigkeit durch die beiden Dackel, die sich inzwischen ebenfalls um das Wohl des Herrchens bemühten und tolldreist durchs Bett tobten.

Die Vierbeiner waren offensichtlich Medizin und Therapiehindernis zugleich. Die positive Wirkung der Hunde auf unseren Patienten war sofort spürbar. Leider glaubten Helmut und Gerhard, so die Namen der Teckel, dass der Sensor der Sauerstoffsättigung ein Hundespielzeug sei. Und als sie im Rahmen eines Ruhe-EKG das Bett verlassen mussten, bekamen wir einen durchaus interessanten Einblick in das rassetypische Temperament der Tiere. Unglücklicherweise rief das nicht enden wollende Gebell erneut Frau Paffrath auf den Plan, was rückblickend keineswegs als Fortschritt im Einsatzablauf gewertet werden konnte.

»Mein Gott! Hier sieht es ja aus wie auf der Intensivstation! Die ganzen Kabel – Grundgütiger«, entfuhr es ihr ein wenig zu aufgesetzt.

»Das sieht schlimmer aus, als es ist ...«, begann Herr Paffrath; den Satz beenden durfte er allerdings nicht.

»Du sprichst nur, wenn der Doktor es dir sagt. Du darfst nicht sprechen, solange die Kabel an dir dran sind, und was schlimm ist und was nicht, das entscheide immer noch ich«, polterte Frau Paffrath.

»Aber Ihr Mann hat recht!«, schaltete ich mich ins Gespräch ein. »Unsere Untersuchungen sind weitgehend unauffällig. Neurologischer Check – ohne Befund. Blutzucker – völlig o. k. Das EKG sieht auf den ersten Blick ebenfalls gut aus. Temperatur und Puls sind wie im Bilderbuch. Nur der Blutdruck ist ein wenig zu hoch. Deshalb würden wir mit Ihrem Mann, im Rahmen der Routine, gern einen kleinen Ausflug ins zuständige Krankenhaus machen. Dort kann man noch Blut abnehmen, und ein Internist wirft einen genaueren Blick auf das EKG – dann ist aber auch aller Vorsicht Genüge getan.«

Auf den Inhalt meiner Ausführungen ging Frau Paffrath gar nicht ein. »Ach, dann sind Sie gar kein richtiger Arzt?«, stellte sie messerscharf fest.

Hein, Herr Paffrath und selbst die Dackel verdrehten die Augen.

Es folgte eine gefühlt mehrstündige Diskussion über medizinische Ausbildungen, Titel und Kompetenzen. Es fielen hässliche Begriffe wie »Hochstapler« und »besserer Krankenwagenfahrer«, um am Ende der Forderung gegenüberzustehen, Herrn Paffrath zu einem befreundeten Kardiologen in der Nachbarschaft zu fahren.

»Gute Frau – das macht doch alles keinen Sinn.« Obwohl ich mich bemühte, konnte ich einen flehenden Unterton nicht völlig vermeiden. »Wir sind der Rettungsdienst – wir fahren Menschen in ein geeignetes Krankenhaus, nicht zum Golffreund. Außerdem, Ihr Kardiologe praktiziert vermutlich nicht in seinem Wohnzimmer, und wir wissen nicht mal, ob der Mann zu Hause ist, mal ganz davon abgesehen, dass Ihr Mann keinerlei Symptome hat, die zu einer akuten Herzerkrankung passen würden.«

»Wegen mir! Aber dann fahren wir in die Universitätsklinik!«

»Die liegt über dreißig Kilometer entfernt und ist weder zuständig noch notwendig. Der Blutdruck ihres Mannes ist, was ich im Übrigen inzwischen sehr gut verstehen kann, geringfügig zu hoch, was jedoch beileibe keine sofortige universitäre Behandlung erfordert«, erwiderte ich leicht angezählt.

»Ihnen ist das Blaulicht wohl nicht bekommen, Sie Lümmel – wir sind privat!«, stellte die Ehefrau unseres Patienten nun fast schreiend fest.

»Das macht ja nichts, wir sind gerade beruflich«, antwortete Hein.

Herr Paffrath ließ die gesamte Situation derweil vollkommen ungerührt über sich ergehen. Weder beteiligte er sich an der Diskussion, wohin er nun gebracht werden sollte, noch schien er sich größere Sorgen über seinen Gesundheitszustand zu machen. Er war mit sich und dem Hier und Jetzt im Reinen, und als Ausdruck dessen kraulte er mit der linken Hand Gerhard und mit der rechten Helmut.

»Na gut! Wenn Sie schon zu faul sind, meinen Mann in die Universitätsklinik zu bringen, dann fahren Sie uns wenigstens zu Dr. Brossmann. Mein Mann hat Doppelbilder gesehen, das hat ja wohl was mit dem Kopf zu tun, und Dr. Brossmann ist Neurologe. Seine Praxis befindet sich keine zwei Kilometer entfernt. Das ist dann hoffentlich nicht zu viel verlangt für Sie«, keifte Frau Paffrath.

»Dr. Brossmann, Dr. Brossmann? Irgendwoher kenne ich den Namen! Hat der nicht was mit Musiktherapie zu tun?«

Hatte ich meinem Kollegen eben noch für seine Art der Gesprächsführung im Stillen gedankt, so versuchte ich jetzt, Hein mit meinem Blick zu töten. An die leicht dominante Hausherrin gewandt, erklärte ich: »Frau Paffrath, auch auf die Gefahr hin, dass ich mich wiederhole, Sie haben den Rettungsdienst gerufen – wir fahren Menschen in ein geeignetes Krankenhaus, aber nicht in jede x-beliebige Praxis. Damit würden wir die meisten Ärzte schlicht überfordern, und das will niemand – das wollen auch Sie nicht! Und um Sie zu beruhigen: Das zuständige Krankenhaus verfügt sogar über eine neurologische Abteilung. Besser kann Ihr Mann gar nicht aufgehoben sein.« Meinen Worten schickte ich ein hoffnungsvolles, freundliches Lächeln hinterher.

Frau Paffrath holte gerade Luft für eine Erwiderung, als Hein erneut intervenierte. »Vielleicht fragen wir einfach mal, was der Patient eigentlich will. Könnte ja interessant sein ...«

Alle Augen richteten sich gespannt auf Herrn Paffrath. Selbst die Dackel blickten erwartungsvoll.

»Ich möchte *Columbo* gucken! Ob das im zuständigen Krankenhaus oder in der Universitätsklinik passiert, ist mir vollkommen egal.« Herr Paffrath seufzte tief und blickte seiner Frau zum ersten Mal seit unserer Ankunft direkt ins Gesicht. »Hilde, ich mag die beiden Rettungsnotfallassistentensanitäter – die sollen das ruhig entscheiden.«

Während er sich daranmachte, das Bett zu verlassen, gab sich Frau Paffrath geschlagen. Nicht jedoch, ohne uns von ihrem Entschluss in Kenntnis zu setzen, ihren Mann ins Krankenhaus zu begleiten, damit er – Zitat – »nicht zum Spielball der Pharmaindustrie wird«.

Die dadurch notwendige Betreuung der Dackel wurde auf die Schnelle nachbarschaftlich organisiert, eine gewisse Hannelore und eine Doris würden sich kümmern, und keine zwei Stunden nach Einsatzbeginn nahm unser Rettungswagen auch schon Fahrt auf.

Den eigentlichen Transport ins Hospital nahmen die Beteiligten unterschiedlich wahr. Herr Paffrath beschwerte sich über das stetige Rumpeln, was Hein mit fehlenden Investitionen in die gesamtdeutsche Infrastruktur entschuldigen konnte. Neben mir auf dem Beifahrersitz echauffierte sich Frau Paffrath die gesamte Fahrzeit über ihren Ehemann. Einseitige Interessenlage und mangelnde Fußpflege waren die Hauptkritikpunkte. Meinen hilflosen Versuch, ein Gespräch über Hunderassen vom Zaun zu brechen, ignorierte sie vollständig.

In der Ambulanz angekommen, erfolgte eine fachlich versierte Übergabe an das Klinikpersonal, welche Frau Paffrath barsch durch folgende Fragen unterbrach: »Ist Zimmer 7 noch frei? Und ist der Professor im Haus?«

Die verstörten Blicke der Pflegekräfte und der aufnehmenden Ärztin ließen wir unkommentiert – wir hatten unseren Teil der Last getragen.

Danksagung

»Der Wetzstein hilft auch mähen.« – Sorbisches Sprichwort

Ein Buch, ganz egal ob Roman, Kurzgeschichtensammlung oder Lexikon, entsteht nie durch den Autor allein. Im Fall von *Rettungsgasse ist kein Straßenname* gibt es weiß Gott viele helfende Hände.

Da wäre mein Rudel, bestehend aus meiner Lebensgefährtin Marion und unserem Hund Balu, die mir beide den Rücken freihalten und mich immer wieder aufs Neue inspirieren.

Meine Familie, die mir ohne Neid und Missgunst den bisherigen Erfolg gönnt und jetzt schon wieder mitfiebert. An dieser Stelle ein besonderer Dank an meine Schwestern, die dafür gesorgt haben, dass ich auf dem Cover nicht wie ein fetter Hamster aussehe.

Die Kollegen und Auszubildenden, mit denen ich ein ums andere Mal den Blaulichtalltag erleben darf.

Meine Vorgesetzten, die mir keine Steine in den Weg gelegt haben.

Die Menschen von S-GARD Schutzkleidung, dem Klostercafé Hohenbusch und dem DRK-Kreisverband Heinsberg, die maßgeblich an der Realisierung des Covers mitgewirkt haben.

All den Menschen, die von Berufs wegen an diesem Buch mitgearbeitet haben – und das sind viele. Ich hatte immer das Gefühl, dass Herzblut und Begeisterung im Spiel waren, und das ist großartig.

Danke an Christoph für die stetige Bereitschaft, mir zu helfen. Ohne dich, mein Freund, gäbe es keine einzige Zeile ...

Danke an Jennifer, die mir das Gefühl gegeben hat, alles zum ersten Mal zu tun – sehr geil!

Vielen Dank auch an Kathrin, Marion, Nina, Julia, Friederike, Cornelius, Matthias, Patrick, Thomas, Bernd, Gerda, Ina, Karin, Armin, Jürgen, Michael, Annabell, Jonathan, Daniel, Noah, Kira, Marianne, Leo, Charlotte, Jürgen, Hardy, Frank, Hubert und viele weitere mehr, deren Namen ich unsäglicher Weise vergessen habe.

Tiefe Verneigung und von Herzen: DANKE!

Bereits erschienene Titel von Jörg Nießen:

Schauen Sie sich mal diese Sauerei an
20 wahre Geschichten vom Lebenretten
Schwarzkopf & Schwarzkopf
ISBN: 978-3-89602-991-1
September 2010
Taschenbuch, 224 Seiten
9,95 € (D) | 10,30 € (AT)

Die Sauerei geht weiter
20 neue wahre Geschichten vom Lebenretten
illustriert von Jana Moskito
Schwarzkopf & Schwarzkopf
ISBN: 978-3-86265-060-6
September 2012
Taschenbuch, 256 Seiten
9,95 € (D) | 10,30 € (AT)

112 Gründe, die Feuerwehr zu lieben
Eine Hommage an eine ganz besonders heiße Institution
illustriert von Marco Reichert
Schwarzkopf & Schwarzkopf
ISBN: 978-3-86265-197-9
Februar 2014
Taschenbuch, 224 Seiten
9,95 € (D) | 10,30 € (AT)

Feuerwehr Köln: Wie geht das?
Johannes Feyrer und Jörg Nießen (Hrsg.)
Bachem, J P
ISBN: 978-3-7616-2966-6
Dezember 2015
Hardcover, 80 Seiten
16,95 € (D) | 17,50 € (AT)

Impressum

Jörg Nießen
Rettungsgasse ist kein Straßenname
Die Abenteuer eines Notfallsanitäters und Feuerwehrmanns
ISBN: 978-3-95910-177-6

Eden Books
Ein Verlag der Edel Germany GmbH
Copyright © 2018 Edel Germany GmbH, Neumühlen 17, 22763 Hamburg
www.edenbooks.de | www.facebook.com/EdenBooksBerlin | www.edel.com
3. Auflage 2018

Projektkoordination: Kathrin Riechers
Lektorat: Friederike Haller
Umschlaggestaltung: Christina Hucke
Coverfoto und Autorenporträt: © Sebastian Knoth Fotografie
Layout und Satz: Datagrafix GSP GmbH, Berlin | www.datagrafix.com
Druck und Bindung: optimal media GmbH, Glienholzweg 7, 17207 Röbel/Müritz

Dieses Buch ist auch als E-Book erhältlich.

Um die kulturelle Vielfalt zu erhalten, gibt es in Deutschland und in Österreich die gesetzliche Buchpreisbindung. Für Sie, liebe Leserin und lieber Leser, bedeutet das, dass Ihr verlagsneues Buch jeweils überall dasselbe kostet, egal, ob Sie Ihre Bücher gern im Internet, in einer großen Buchhandlung oder beim kleinen Buchhändler um die Ecke kaufen.